康养
＋
地产：
武汉城建集团的颐华之道

闻 广　冯光乐　著

中国城市出版社

图书在版编目（CIP）数据

康养+地产：武汉城建集团的颐华之道/闻广，冯光乐著. --北京：中国城市出版社，2024.7. --ISBN 978-7-5074-3727-0

Ⅰ.F299.233.46

中国国家版本馆CIP数据核字第2024CT2495号

责任编辑：毕凤鸣
文字编辑：王艺彬
责任校对：张惠雯

康养+地产：武汉城建集团的颐华之道
闻　广　冯光乐　著

*

中国城市出版社出版、发行（北京海淀三里河路9号）
各地新华书店、建筑书店经销
华之逸品书装设计制版
建工社（河北）印刷有限公司印刷

*

开本：787毫米×1092毫米　1/16　印张：8½　字数：139千字
2024年7月第一版　　2024年7月第一次印刷
定价：58.00元
ISBN 978-7-5074-3727-0
（904726）

版权所有　翻印必究
如有内容及印装质量问题，请与本社读者服务中心联系
电话：(010)58337283　QQ：2885381756
（地址：北京海淀三里河路9号中国建筑工业出版社604室　邮政编码：100037）

前言
FOREWORD

当前,世界百年未有之大变局加速演进,单边主义、保护主义明显上升,世界经济动荡分化的特征日益突出。西方国家受持续加息、地缘冲突等多重因素影响,经济增速普遍放缓;中国加快构建以国内大循环为主体、国内国际双循环相互促进的新发展格局,在稳增长、促消费等政策带动下,国民经济顶住压力稳步复苏,表现出较强的韧性和活力。房地产作为国民经济的支柱产业,其发展状况直接关乎居民居住品质的提高以及新型城镇化战略的实施,深刻影响经济稳增长和新发展格局的构建。当前,中国经济转入高质量发展的新阶段,城镇住房中长期需求的实质性支撑持续下降,房地产市场供求关系发生重大变化。党中央明确提出,要抓紧构建房地产发展新模式,促进房地产高质量发展。进入新的发展阶段,传统商品住房市场竞争日趋激烈,房地产开发企业加快产业转型升级、积极开拓多元化业务成为未来发展的战略抉择。

近年来,我国人口老龄化程度不断加深,一方面会加重社会负担,冲击我国传统产业和比较优势;另一方面也意味着养老医疗、养老服务、养老地产等相关康养产业发展的潜力日益凸显。第七次全国人口普查数据显示,我国60岁及以上人口占全国人口的比重达到18.70%,65岁及以上的人口比重为13.50%。与第六次全国人口普查结果相比,分别上升了5.44个百分点和4.63个百分点。"康养+地产"通过康养产业与房地产业在功能组合和产品形态上的渗透和互动,充分利用资源优势与生态优势将养老、医疗、养生、旅游、文化等业态进行融合,不仅可以为老年人提供良好基础设施保障的住宅产品,减轻社会养老压力,还可以带动家政、护理、医疗、康养等银发产业增长,进一步扩内需、促消费,为经济高质量发展增添动能；同时"康养+地产"也与"两山"理念契合，对于推动生态修复和环境保护、助力低碳城市建设起到了至关重要的作用，是深入落实乡村振兴战略、推动经济社会绿色转型、建设美丽中国的题中之义。

党的二十大报告指出"实施积极应对人口老龄化国家战略，发展养老事业和养老产业"。为加快康养产业发展，我国陆续发布《关于加快推进健康与养老服务工程建设的通知》《"健康中国2030"规划纲要》《"十四五"国家老龄事业发展和养老服务体系规划》等政策文件，为"康养+地产"的发展创造了良好的政策环境。但从实际发展情况来看，存在养老床位供需结构失衡，供给不足且区域、城乡发展不协调，利用率低等问题。总的来看，目前我国的"康养+地产"行业尚处于发展培育期。

武汉作为国家中心城市和长江经济带的核心城市，从人口老龄化程度和康养产业的现状来看，未来"康养+地产"拥有广阔的潜在市场。近年来，武汉市认真落实"积极应对人口老龄化"国家战略，锚定"人人享有基本养老服务"的根本目标，坚持先行先试，勇于探索创新，着力在"顶层设计、设施布局、服务效能、要素支撑"等方面抓协调抓推进抓落实，初步构建了具有武汉特色的"统筹城乡、兜牢底线、普惠均等"基本养老服务体系。但目前仍然存在养老服务供给结构性矛盾突出、医养结合程度较低、康养产品两极分化等问题。建议武汉市相关政府部门采取规划引领产业协同发展、政策支持"康养+地产"有效供给、发挥国有企业参与的引领带动作用、创新"康养+地产"发展模式、建设康养专业人才队伍等措施，促进武汉市"康养+地产"市场高质量绿色发展。

武汉城建集团作为市属国有城建领域龙头企业，形成了以"综合开发、建筑施工、城市建设"为主导、以"资产运营、设计咨询、城市服务、资本运作"为支撑，协同发展新能源、新材料等新兴业务的"3+4+X"现代产业体系，拥有从前期投资规划至后期服务运营的完整产业链，位居2023中国企业500强第393位。面对当前国家推动房地产业转型和康养产业加快发展的形势，集团主动承担社会责任，积极参与并融入康养产业，大力创新综合开发产品，计划围绕"颐华"这一主题，以武汉为样板区，打造颐华·嘉园(康养住区)+颐华年(康养综合体)+颐华之家(社区康养服务中心)的产品体系，搭建集"怡神、怡泰、怡护、怡疗、怡趣、怡园、怡膳"为一体的康养服务体系,为长者提供有尊严、高品质的美好生活。集团通过探索"康养+地产"发展的新路径,在优化自身产业结构、培育发展新动能的同时,服务康养新业态、推动康养产业发展,促进"绿水青山"向"金山银山"转化,为武汉加快构建高质量康养服务体系,推动中国式现代化武汉实践,在湖北建设全国新发展格局先行区中贡献城建力量。

目录
CONTENTS

第一部分 "康养+地产":房地产转型新趋势

第1章 "康养+地产"的内涵和特点 ········· 003
    1.1 "康养+地产"是新兴复合产业 ········· 003
    1.2 "两山"理念与"康养+地产" ········· 004
    1.3 房地产业转向新发展模式 ········· 005

第2章 "康养+地产"是发展新动能 ········· 007
    2.1 康养成为消费升级的重要内容 ········· 007
    2.2 人口老龄化程度持续加深 ········· 010
    2.3 政策鼓励康养产业发展 ········· 013
    2.4 "康养+地产"行业方兴未艾 ········· 014

第二部分 他山之石:"康养+地产"的先行者

第3章 国内典型案例 ········· 023
    3.1 海南博鳌乐城国际医疗旅游先行区 ········· 023
    3.2 海棠湾上工谷 ········· 028
    3.3 保利天悦和熹会 ········· 033
    3.4 武汉合众优年社区 ········· 038
    3.5 武汉泰康之家·楚园 ········· 042
    3.6 武汉远洋椿萱茂老年公寓 ········· 047

第4章　经验总结与分析 050
　　4.1　抓住政策机遇　把握市场红利 052
　　4.2　找准市场定位　优化产品结构 052
　　4.3　提高服务品质　注重人才培养 053
　　4.4　科学项目选址　稳步推进运营 053

第三部分　江城市场："康养+地产"前景广阔

第5章　武汉基本养老服务体系初步形成 057
　　5.1　注重顶层设计，明晰基本养老服务内容 057
　　5.2　优化设施布局，扩大基本养老服务覆盖 058
　　5.3　增加服务效能，满足基本养老服务需求 059
　　5.4　强化要素保障，夯实基本养老服务基础 059

第6章　武汉"康养+地产"市场潜力巨大 061
　　6.1　人口老龄化程度持续加深 061
　　6.2　医疗保健支出显著上升 062
　　6.3　老龄人口区域分布差异明显 064
　　6.4　社会康养机构产品趋向高端化 065

第7章　武汉"康养+地产"供给侧矛盾突出 067
　　7.1　区域供给不均衡 067
　　7.2　产品供需不匹配 067
　　7.3　医养结合程度较低 068
　　7.4　空间宜居度不够好 068

第四部分　转型探索：武汉城建集团的颐华之道

第8章　武汉城建集团　中国企业500强 071
　　8.1　党建为舵　物理整合"零震荡" 072

8.2 改革为擎 一张产业蓝图统揽全局 ······ 073
8.3 管理为要 "化学反应"激活全产业链 ······ 075
8.4 人才为核 打破常规锤炼队伍 ······ 077
8.5 创新为魂 赋能企业高质量发展 ······ 078
8.6 初心为楫 践行使命彰显国企担当 ······ 079

第9章 "颐华之道"打造武汉康养生活新样板 ······ 081

9.1 武汉城建集团SWOT分析 ······ 081
9.2 "颐华之道"产品体系总体规划 ······ 083
9.3 "颐华之道"产品体系开发策略 ······ 086
9.4 "颐华之道"产品开发保障措施 ······ 104

第五部分 政企联动：推动"康养+地产"高质量发展

第10章 创新发展"康养+地产"产业具有重要战略意义 ······ 111

10.1 坚持规划引领，推动房地产与康养产业协同发展 ······ 111
10.2 完善政策支持，增加"康养+地产"服务的有效供给 ······ 112
10.3 推动国有企业参与，发挥国有资本的市场引导带动作用 ··· 112
10.4 明晰市场定位，创新"康养+地产"发展模式 ······ 113
10.5 促进产教融合，建设康养服务专业人才队伍 ······ 114

附表 ······ 115

参考文献 ······ 121

第一部分 "康养+地产"：房地产转型新趋势

第1章 "康养+地产"的内涵和特点

1.1 "康养+地产"是新兴复合产业

1.1.1 "康养+地产"的定义

"康养+地产"是以房地产为载体,以康养为主体,服务老年人居住和以康养为需求的新型地产形式。在人口老龄化日益加重和亚健康人群剧增的背景下,"康养+地产"是由房地产开发企业或相关的社会机构推出的、适宜中老年人居住、符合中老年人的特点并能满足他们的社会活动需求、为中老年人提供良好基础设施保障的住宅产品。"康养+地产"是一种泛地产,是康养产业和房地产业在功能组合与产品形态上的渗透和互动,通过资源整合为消费者创造出充分体现生活感受和文化价值的复合人居生活。现阶段,"康养+地产"对于市场来说还是新兴产业,市场对"康养+地产"的认识和理解不统一,业内尚未形成完善的发展体系。

1.1.2 "康养+地产"的类型

目前,我国正在建设居家、社区、机构三位一体的养老服务体系,由此衍生出养老社区(CCRC)、养老机构、养老驿站三种"康养+地产"类型。

1. 养老社区(CCRC)

CCRC(Continuing Care Retirement Community),即为提供连续性照护服务的退休老人社区。通过为退休老年人提供综合照顾的居住设施和服务,包括自助、护理、援助等,以确保他们在身体条件变化甚至不能完全自理时依旧能够在熟悉的环境中居住,并获得相应的护理服务。

养老社区是一个全面的、综合性的居住社区,可提供居家、社区、机构三种养老模式的所有功能。老年人在社区中可选择多种生活模式，并可享受卫生打扫、洗衣做饭、康复理疗、医疗保健等多种服务。一般而言，养老社区通常会提供医疗保健机构、老年大学、娱乐场所、商业中心等设施，以满足老年人在不同年龄阶段和身体状况下的各种差异需求。

2. 养老机构

养老机构主要是针对机构养老模式而开发，可以分为保障型的公办养老机构和高端型的非公办养老机构。

（1）保障型的公办养老机构是指政府或社会力量通过投资兴办养老服务机构，专注于为三个特殊群体的老年人提供免费或低收费的护理和照顾服务。包括无法工作、没有经济来源以及没有能力赡养和亲属照顾他们的老年人，收入较低的老年人以及生活经济困难的半失能或失能老年人。公办养老机构的目标不是盈利，而是主要提供基本养老服务，涵盖生活照料、康复护理和紧急救援等方面。

（2）高端型的非公办养老机构指的是由社会资本投资开发的、专门为中高收入老年人提供的高于基本养老服务水平的付费养老服务。这类机构以营利为目的，提供的养老服务具有高标准、高价格等特点。提供除基本养老服务外的健康、医疗、体育健身、文娱、休闲旅游、法律及残障老年人专业化服务等项目。

3. 养老驿站

养老驿站重点针对居家养老、社区养老而设立。主要提供医疗检查、餐饮服务、出行服务、家政服务等上门服务和医疗护理、食物供应、文体娱乐等日间照料服务。养老驿站通过提供上门服务和日间照料服务获取一定收入，但是政府补助占较大比例。

1.2 "两山"理念与"康养+地产"

"绿水青山就是金山银山"的发展理念（以下简称"两山"理念）是习近平生态文明思想的核心要义，是习近平新时代中国特色社会主义思想的重要组成部分，也是新时代深化供给侧结构性改革和推进生态文明建设的重要理论遵循。2017年，党的十九大报告提出必须树立和践行绿水青山就是金山银山的理念。"两山"理念成为我党治国理政的基本方略和重要国策[1]。2018年4月，习近平总书记在视察湖北时特别强调，要强化生态环境保护，牢固树立"两山"理念，让湖北天更蓝、地更绿、水更清。2021年，武汉市"十四五"规划纲要提出，要坚持"两山"理念，促进经济社会发展全面绿色转型，绘就山水人城和谐相融新画卷。"两山"理念不仅是武汉市在新发展阶段解放和发展绿色生产力、加快建设"五个中心"、全面推动高质量绿色发展的重要思想引领，也是指导武汉市"康养＋地产"发展，更好满足人民康养和居住需求的理论支撑。

目前国内学术界已经在"两山"理念与康养产业、养老地产的融合发展上进行了一定的研究和探讨。张车伟（2019）认为"生态＋大健康"产业兼有市场和公益双重属性，是实现"绿水青山"和"金山银山"有机结合的路径[2]。房红（2020）基于公共产业理论认为，保障型的康养产品应坚持公益性原则，以政府供应为主；而改善型康养产品应在政府扶持下使市场成为供应主体[3]。姜睿（2012）指出，作为一种复合房地产业和现代服务业的产业，养老地产尽管潜力巨大，但在中国仍处于发展的初级阶段[4]。黄生辉（2014）指出，无论是规模还是速度，武汉市养老地产的发展与一线城市都有较大差距，未来应通过多元化模式、合理规划布局、优化建设设计、加大政策扶持和拓宽融资渠道等措施加快养老地产发展[5]。吴宇哲（2018）通过对武汉市养老地产空间宜居度的实证分析发现，选址较偏、配套设施不足是现有养老地产项目的主要问题[6]。

1.3 房地产业转向新发展模式

党的二十大报告提出：坚持房子是用来住的、不是用来炒的定位，加快建立多主体供给、多渠道保障、租购并举的住房制度。2022年12月，中央经济工作会议提出，支持住房改善、新能源汽车、养老服务等消费，坚持房子是用来住的、不是用来炒的定位，推动房地产业向新发展模式平稳过渡。从中央的政策内涵来看，"房住不炒"是房地产业新发展模式的根本性要求，高质量发展是房地产业新发展模式的主要目标，稳健多元化是房地产业新发展模式的具体体现[7]。

当前，房地产市场进入了调整周期。一方面，我国的城镇化率已经超过65.00%，按照发达经济体的经验，还有10.00%左右的提升空间，但城镇化增速将明显放缓；另一方面，根据国家统计局人口普查数据，我国家庭户人均居住面积接近42.00平方米，其中城镇家庭人均居住面积为36.50平方米，超过日本、韩国等亚洲发达国家，接近德国、法国等欧洲发达国家，我国房地产市场的供求关系已经发生了重大变化。2022年，全国房地产开发投资同比下降10.00%，商品房销售面积和销售额分别同比下降24.30%和26.70%。在"房住不炒"的调控主基调下，未来商品住房市场的增量空间相对有限，而且行业集中度将持续提升。"康养+地产"是房地产业与康养产业融合发展的新产业，通过企业在土地、金融、旅游、医疗、康养等方面的资源导入和开发运营模式创新，可以加快推动房地产企业由高度依赖住宅地产向多元产业支撑发展的新模式转型。

第2章 "康养+地产"是发展新动能

2.1 康养成为消费升级的重要内容

2.1.1 国民经济稳定增长,第三产业增长迅速

近年来,地缘政治冲突持续升级,导致外部不稳定性和不确定性显著增加。面对当前国际局势日趋复杂、经济下行压力增大的复杂局面,我国各地区和各部门坚持稳定为重、稳中求进的原则,恢复社会经济发展。通过稳增长、稳就业、稳物价多项举措,促进经济平稳运行,使其总体处在合理区间。

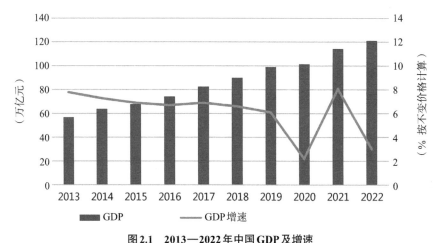

图2.1 2013—2022年中国GDP及增速

数据来源:国家统计局

根据图2.1可知,近10年来,我国GDP总量持续提升,从2013年的56.88万亿元增至2022年的121.02万亿元,在转向高质量发展进程中,我国在实现经济总量的持续性增长的同时,经济发展的质量也在稳步提升。

一般来讲,GDP增速超过7.50%是高速增长阶段;增速在6.00%~7.50%

之间是中高速增长阶段。近10年来，我国逐渐从高速增长阶段迈向中高速增长阶段，GDP增速由2013年的7.70%下降到2019年的6.00%，2020年受疫情影响，GDP增速仅为2.20%，创历史最低值，2021年GDP增速为8.10%，2022年GDP增速又下降到3.00%，未来随着出口恢复常态、地产开发投资回归理性，预计我国经济将逐渐步入中速增长阶段，经济发展趋向平稳，但同时也为经济转型创造了有利条件。

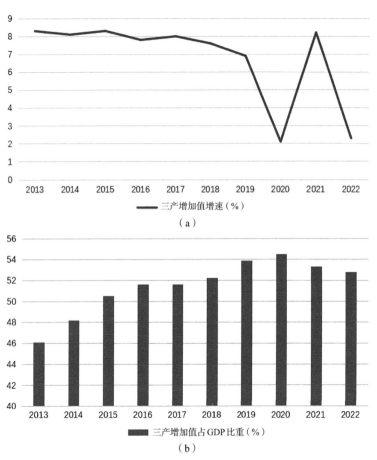

图2.2　2013—2022年中国第三产业增速及第三产业增加值占GDP比重
数据来源：国家统计局

近年来，第三产业在我国经济增长中逐渐发展为主要推动力量。根据图2.2，2015年我国第三产业增加值占GDP比重超过了50.00%。这意味着中国已经进入了"后工业化时代"。随后几年，我国第三产业增加值在GDP中的比重始终保持在50.00%以上，并且整体呈现逐年增长的趋势。受疫情对第三产业冲击带来的持续性影响，2022年比重为52.80%，较2020年的54.53%有所回落。从全球范围来看，大多数发达国家的服务业占比通常超过70.00%。据估计，在未来的10～15年里，我国经济中服务业的比重将进一步增加。就服务业增长速度来说，除了2020年以外，服务业的增速一直高于名义GDP增长速度。预计未来，服务业的增长速度将继续超过整体经济增速。

2.1.2 人均收入持续增长，康养消费支出规模逐步上升

近年来，我国基本实现了经济与居民收入的同步增长，实现稳增长与惠民生协同发展。中国居民人均可支配收入从2012年的16510.00元增长至2021年的35128.00元，10年翻了一番。除了2020年疫情影响导致居民收入的放缓，其他年份居民人均可支配收入的增速均高于5.00%，复苏态势良好。2021年城镇与农村居民可支配收入分别为47412.00元和18931.00元，收入增速大幅回升（图2.3）。

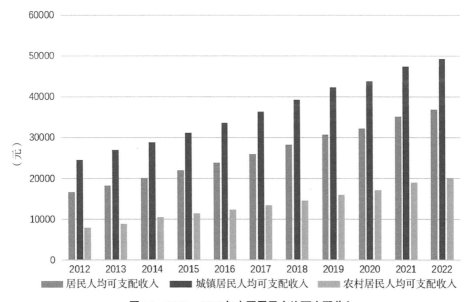

图2.3　2013—2022年中国居民人均可支配收入

数据来源：国家统计局

随着居民财富不断增长，家庭的养老经济资源将更加充足[8]，居民对康养服务的支出能力及意愿都在上升，医疗保健支出不断增加，医疗保健支出占消费支出的比重也持续提升。根据图2.4可知，2013年以来全国居民在医疗保健上的人均消费支出总体不断上升，仅在2020年由于疫情影响出现了小幅下降。从消费比重上看，医疗保健支出占消费支出的比重从2013年的6.90%上升至

2022年的8.60%，增长态势明显。由此可看出，居民对康养服务的支出能力及意愿都在上升，相应的，康养地产的消费潜力也将会逐步释放。

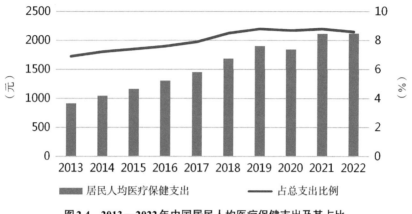

图2.4　2013—2022年中国居民人均医疗保健支出及其占比

数据来源：国家统计局

2.2 人口老龄化程度持续加深

2.2.1 老年人口规模不断增长，老龄化进程持续加快

近年来，我国人口规模保持增长态势，人口总量由2013年的13.61亿人增长至2022年的14.12亿人，但人口增速明显放缓，2013年我国总人口增速为0.49%，2021年降低至-0.06%，10年来下降了0.43个百分点。从我国人口年龄结构的构成来看，2013年，我国0～15岁、16～59岁、60周岁及以上人口占总人口比重分别为17.50%、67.60%、14.90%，2022年分别为18.10%、62.00%、19.80%。16～59岁人口占总人口的比重降低了5.60个百分点，60周岁及以上人口占总人口比重提高了4.90个百分点，老年人口规模快速增长（图2.5）。

根据联合国标准，一个国家（地区）进入老龄化社会的标志是60岁及以上人口占比高于10.00%，或者65岁及以上人口占比高于7.00%。近年来，我国老年人口规模日益庞大，2022年，我国65岁及以上人口达到2.09亿人，占总人口比重约14.90%（图2.6），已经远超联合国标准，进入了深度老龄化社会。伴随未来中国人口老龄化程度的快速深化，老年人居住现象也逐渐发生改变，随着20世纪五六十年代出生人口进入老年期以及六七十年代第二轮婴儿潮出生人口逐渐衰老并死亡，使我国家庭中以核心家庭为主的二代户比例迅速降低，将逐渐改变儿女家庭养老的现状，老人独居化和空巢化更加明显[9]。

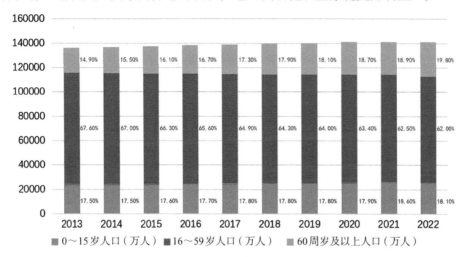

图2.5　2013—2022年中国人口结构

数据来源：国家统计局

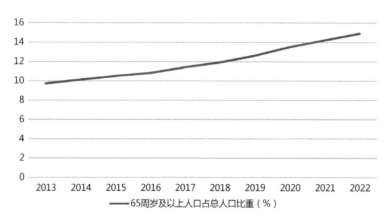

图2.6　2013—2022年65岁及以上人口占总人口比重

数据来源：国家统计局

2.2.2　人均预期寿命不断提高，老年人失能照护问题愈发突出

2015—2021年，伴随经济社会的发展，改善了人民生活水平，提升了医疗技术，进而我国人口预期寿命逐年提升，从2015年的76.34岁提高到2021年的78.20岁（图2.7）。

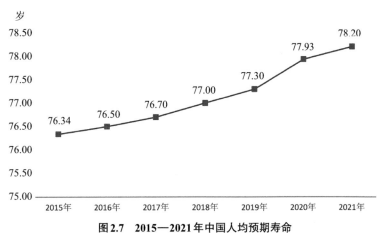

图2.7 2015—2021年中国人均预期寿命

数据来源：中国卫生健康事业发展统计公报

根据年龄的进一步划分，可将80岁看为分界线，80岁以下的为低龄老人，超过80岁的为高龄老人。高龄老人因为身体机能的下降和身体器官功能的降低，更加容易患认知功能障碍以及慢性疾病，对护理和医疗资源需求量较大。2010—2020年，10年间我国高龄老人从2099.00万增至3660.00万，占总人口比重从1.60%增至2.60%。持续增加的高龄老人数量，加之人口寿命不断提高，使现有的社会医疗资源负担较重，与预期需求存在较大不足。根据《第四次中国城乡老年人生活状况抽样调查成果》，2020年我国有4200.00万失能老年人，空巢和独居老年人达到1.18亿，高龄化、空巢老人问题日益突出。

2.2.3 现行养老模式以居家和社区养老为主，形成"9073"格局

目前国内的养老模式包括居家养老、机构养老、社区养老[10]（表2.1）。

国内主流养老模式介绍　　　表2.1

序号	模式	概念	满足用户需求	存在的问题
1	居家养老	指老年人选择在自己的家中生活，并接受子女或亲友提供的物质和精神上的关怀，是目前主流的养老模式	日常照料（家政、餐饮、洗澡、购物、聊天）和医疗照护（护理、康复、诊疗）	服务标准缺乏、服务内容单一、人才紧缺且水平低
2	机构养老	以养老机构为主导，为居住在一起的老年人提供生活护理、健康管理、日常饮食、卫生清洁和文娱活动等全方位综合服务的养老方式	生活护理、健康管理、饮食起居、清洁卫生、文体娱乐	养老机构总量不足，资源错配、利用率不高，服务质量参差不齐，自费比例高、老年人负担较重

续表

序号	模式	概念	满足用户需求	存在的问题
3	社区养老	指社区整合社会资源,为居家老人提供养老服务的一种养老模式。介于居家养老和机构养老之间	通过社区养老服务设施获得膳食、文体娱乐、健康管理、日间照料等养老服务	服务供需错位、社区医疗资源缺乏、管理水平低下

2021年国家卫生健康委例行新闻发布会上,国家卫生健康委老龄健康司司长王海东表示,目前我国呈现"9073"的养老格局,即约90.00%的老年人居家养老,约7.00%的老年人依靠社区养老,约3.00%的老年人选择机构养老。由此可见,居家养老依然是现阶段绝大多数老年人的第一次选择,社区养老因和居家养老具有较大关联性,也有一定的比例。因此,当下我国养老的重点依旧应该放在居家和社区养老方面。

受"养儿防老"等传统文化影响,国内老年人多以居家养老为主。但随着家庭结构、经济条件和生育政策的变化,现在"421"家庭数量增加,家庭人数减少以及人口大量流动,子女照顾老人的时间更少,这进一步加剧了独居和空巢老人现象。与不断增长的精细化、专业化、迁移成本低的养老需求相比,如今中国养老产品供给明显不足。2020年全国养老机构床位数量约为488.20万张,在我国庞大的老年人口面前,平均每百名老人仅仅能分到2.43张床位,并不能满足需求。

2.3 政策鼓励康养产业发展

当前,我国老年人口众多,老龄化速度发展迅猛,面临着农村养老服务水平不理想、居家社区养老和高质量普惠服务不足、缺乏专业人才尤其是护理人员缺乏、银发产业协同发展有待提高等诸多挑战。近年来,随着健康中国战略的提出,为了应对人口老龄化,我国制定了多项政策,以推动老龄事业和产业协同发展,并有效填补社会养老服务缺口。在党的十九届四中、五中全会提出要建设医养康养相结合的养老服务体系后,康养产业逐渐进入了大众视野[11]。

自2013年起,中央和地方政府陆续出台一系列促进康养、养老等产业发展的利好政策，相关政策支持产业发展、土地规划、金融、人才培养、医养结合、行政补贴、市场监管等多个领域，涉及康养产业的体系建设、设施布局、产业政策规划等众多方面（详见附表）[12]。这明确了国家今后在康养和养老产业的发展方向，给相关的地产行业、保险行业、医疗领域等养老产业的潜在供应商提供了市场指引。

当前我国的康养产业还在探索中，发展模式仍处于初步阶段，当前国家正在探索多种形式的养老模式，推动养老产品供给结构不断优化。目前国家养老服务资金的重要来源渠道是公共财政支出和中央福利彩票公益基金，社会资本参与严重不足，养老服务资金供求失衡严重[13]。因此，就房地产行业而言，国家鼓励社会资本以多种形式参与到养老产业中来，并且在土地规划、土地审批等环节给予地产商以较大的便利政策，这给房地产行业的业务拓展和业务结构转型升级带来了新的机遇。在我国庞大的老龄人口带来的市场拉动效应和国家相关支持政策的推动效应下，"康养+地产"将会迎来一个产业红利期。在今后较长时期，政府应继续加大市场在养老资源配置中的决定性作用，以政府为导向、以市场为驱动，积极引导各类社会资本投入到老龄产业中来，提升养老市场的活力[14]。

2.4 "康养+地产"行业方兴未艾

2.4.1 多元化主体参与

目前，康养地产市场供给与需求之间存在较大缺口，同时受益于我国相关扶持政策的影响，社会资本积极进行康养地产项目布局，市场上康养地产的参与类型主要包括房地产企业、保险企业、其他社会资本。

1. 房地产企业

房地产企业进军康养地产主要依托于原有的地产版图和社区物业，通过全产业链介入提供规划、设计、运营、管理多样化服务，覆盖机构养老、社区养老、居家养老立体化养老模式。为了实现房地产企业多元化以及前瞻化战略布局，很多房地产企业将康养产业作为实施的重点方向，当前全国进入康养领域的房地产企业已经超过80家。全国前五十强房地产企业中，超半数进入康养地产；前二十强头部房地产企业中，约八成布局康养地产，且进入时间较早（图2.8）。

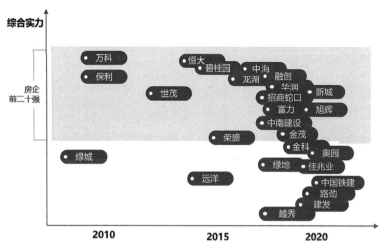

图2.8　全国前五十强房地产企业中康养地产布局情况

在资产结构方面，典型的房地产企业通常采取轻重资产并行的方式。在轻资产方面，房地产企业以物业服务的形式提供各种养老服务等增值业务；在重资产方面，通过开发居住小区、养老院、康养机构等康养地产产品实现投资。在布局类型方面，康养小镇典型项目有恒大·养生谷、融创·雁来湖小镇、绿地·梓山湖康养小镇；CCRC典型项目有万科·随园嘉树、融创·融爱家藏马山颐养社区；康养机构典型项目有保利·和熹会、远洋·椿萱茂、华润·悦年华、招商蛇口·观颐之家等。

通过康养地产布局，房地产企业可利用划拨、协议出让等方式，以相对实惠的甚至低于市场价的价格获得项目用地。不断提升服务质量和种类，提升物业服务等增值产品的附加值，提升品牌价值。此外，康养地产布局有助于房地产企业实现轻资产化发展，降低经营风险[15]。

2.保险企业

保险企业进入养老市场的方式多样化，轻重并举、公私兼营、管投结合，不仅关注单点项目，更加注重产业链发展，如泰康的高端旅居模式、太平的轻重并举运营模式、光大永明的公建民营特色的轻资产运营模式等。

以泰康集团为例，借助养老、医疗跨境地产布局，将虚拟软件商业保险与养老医疗服务相结合，构建了一个综合的医养保险体系。打造"养老险与养老社区、健康险与医疗体系、养老金与资产管理"的三大闭环，实现了保险、医养和资产管理的有机整合。客户以购买保险的形式，实际上完成了支付环节，然后便可享受泰康提供的养老服务和医疗服务，最终还是获得了医养的实体服务。通过资产管理，不仅可以为客户储备养老财富，而且还能实现保值增值。泰康通过整个闭环管理和资源整合，既有效控制了风险和成本，又提升了产品的竞争力。

3. 其他社会资本

除房地产企业和保险企业外，还存在较多其他类型的社会资本进入。如养老服务企业，典型案例为亲和源项目，亲和源集团有限公司是一家专注于养老产业投资及建设的养老服务企业，其典型项目是上海康桥亲和源社区，该项目自2008年运营以来成为中国标杆养老社区。此外，还吸引了红杉、云峰、和谐等社会资本的大量资金资源，用于寻求产业布局和收益项目。

2.4.2 多样化开发运营

目前，国内康养地产开发模式主要包括全资自筹模式、合作投资模式、信托投资模式等。

1. 全资自筹模式

全资自筹模式主要是指大型公司通过自己的资金投入或其他方式进行康养地产投资开发。其优点是项目可控性高，可以根据预期目标制定投资计划并付诸实施，不必担心与合作方在决策和管理方面产生矛盾。此外，在这种模式下，开发商可以获取全部投资收益。与之相对的，全资自筹模式投资相对较大，风险难以控制。

2. 合作投资模式

合作投资模式是指投资者与保险公司、房地产公司、养老服务公司等其他机构合作开发医疗健康地产项目。保险公司具备较强的融资和运营能力，可予以长期的资金支持和风险管控；房地产公司拥有丰富的房地产开发经验，能够提供从前期规划、中期开发、后期运营管理的咨询和服务；养老服务企业经过经营发展，深入接触老年客户，了解他们的市场期望和需求，市场口碑良好，积累了大量忠实客户，有利于打造品牌。在合作方式上，可以通过业务合作、股权合作等方式进行。合作投资模式的优点在于能够集合资源，充分发挥合作双方在资金、品牌、渠道、产品、服务等多方面优势，通过多方的优势互补、资源共享，减少试错成本，促进项目达成；其缺点在于，在自身利益最大化的博弈中，双方可能会为了自身利益最大化而使对方利益受损，在相关管理决策中难免沟通不畅。

3. 信托投资模式

信托投资模式是指投资机构通过与信托公司签订合同，将规定了具体投资方向的资金交给信托公司进行投资。首先，投资商将资金交给信托公司投资时可以根据自身需要选择证券投资信托、房地产投资信托、组合投资信托等形式；其次，根据信托合同约定，信托公司可以通过将资金投放指定"康养＋地产"项目、入股"康养＋地产"公司或者购买"康养＋地产"公司发行的债券等形式取得回报；最后，约定期限内，信托公司按照合约规定分配收益或解散信托。由于目前国内"康养＋地产"项目发展尚不成熟，收益不稳定，投资回报率相对较低，信托投资模式应用较少。

当前，"康养＋地产"运营模式主要包括销售型模式、销售＋持有型模式、自持运营型模式，但在实际经营中部分项目也会采用部分销售、部分自持运营的混合型模式。

1. 销售型模式

销售型模式是按照健康养生理念规划建设，以老年住宅概念、丰富的养老设施配套等为特点打造，通过出售适老化住宅产品产权获取收益的运营模式。这类产品多选址于自然条件优越、交通条件好、居住环境适宜的地区，如北戴河保利海公园、三亚的融创海棠湾、绿地21城孝贤坊等。项目的盈利模式为产权/使用权销售，有较快的资金周转速度，可以快速回笼资金，减少资金压力，且该模式的模仿成本低，后续运营风险较小。劣势在于康养服务水平难以保障，由于房地产商放弃产业链上的衍生产品，因此无法享受增值收益。

2. 销售＋持有型模式

销售＋持有型模式将销售和自持相结合，分部分运营。通过销售住宅部分的使用权或产权回收资金；老年公寓和养老配套设施则用来自持，只租不售，获取长期收益、提供服务支持；收费方式为产权/使用权销售、押金/会员费＋月费等。典型案例包括万科·随园嘉树、北京太阳城等。这种模式的优势在于资金压力小，销售部分快速回款、自持部分长期保值增值，多措并举进而降低项目风险。同时，持续运营并提供服务是康养地产模式发展的核心，通过对持有部分提供优质服务，也能作为出售部分的相关配套，提升可售产品市场价值。与此相对的，这种模式的劣势在于对开发商的规划设计、管理运营等能力要求较高。

3. 自持运营型模式

自持运营型模式是指项目开发完成后持续经营，对外提供居住及康养服务的运营模式，目前较多自持运营型康养地产采取会员制模式和保单捆绑制模式。

会员制模式下，客户可以购买产品成为会员，享受提供的全方位、多层次养老服务。用户缴纳会员费和年费/月费，会员费用于部分资金回笼，年费/月费能够维持日常运作。典型项目有上海亲和源、乐城恭和苑等。会员制模式的优势在于，以房产所有权为基础，以养老服务为核心，避免了产权售后管理困难和房产租赁回收期长的问题。但由于需要收取一次性会员费，存在变相销售产权和会员费过高等问题，主要适用于高端定位项目，对于开发商自身实力、品牌信誉要求高。

保单捆绑制模式下，开发商将虚拟保险与实体养老社区结合，购买保险产品即可有资格入住养老社区，典型项目包括泰康之家等。保单捆绑制模式优势在于能够拉长产业链条，满足保险企业投资养老项目的偏好需求，同时满足养老客户养老与资产管理结合的需求。但保险购入门槛高，后续运营收费高，适用于高净值养老人群（表2.2）。

康养地产运营模式　　　　　　　　　　　　表2.2

项目	销售型模式	销售+持有型模式	自持运营型模式	
			会员式模式	保单捆绑式模式
开发特点	面向所有老年社区，以全部销售为主，功能多元、综合性强	销售占大部分比例，持有约10.00%～30.00%比例，自持部分持续独立运营	机构持有，专业机构管理养老公寓或养老社区	虚拟保险与实体养老社区结合
用地性质	居住用地，带有一定附加条件	居住及商业等用地	非居住用地、公建用地、商业用地或产业用地	
功能体系	康养社区，包括适老住宅、购物中心、酒店、康体娱乐等业态	大型综合康养社区，包括适老住宅、老年大学、养老服务中心、医院等	与专业医疗机构、康复疗养机构合作，提供全方位、多样化健康管理服务	

续表

项目	销售型模式	销售+持有型模式	自持运营型模式	
			会员式模式	保单捆绑制模式
针对客户	中高收入、观念开放的老年客户，主要针对低龄可自理老人和少量低照看度老人	各自理程度和年龄段的中高收入的老年客户	针对健康或生活需要协助与护理的各年龄阶段老年客群	
开发主体	开发商整体开发	开发商整体开发	以开发商、养老运营机构为主	以保险公司为主
运营方式	90.00%以上物业进行销售，购物中心、酒店等配套可自持经营	10.00%~30.00%以上物业自持，其余物业进行销售	提供养生体验度假，对提供医疗看护服务的老年公寓实行会员制入住，无产权	购买保险产品即可获取养老社区入住资格，无产权
典型案例	绿地21城孝贤坊	北京太阳城	上海亲和源、乐城恭和苑	泰康之家

2.4.3 整体仍处于成长期

1. 项目供需两端匹配度不高

目前，康养地产行业处于高速成长期，存在行业规模小、服务质量低、无序竞争等问题。由于投资规模大、运营时间长、资金风险较高，需将前期的项目定位、规划设计，中期的开发建设，后期的产品销售、运营服务等进行全盘考量，然而现阶段开发商较为缺乏康养地产项目全面把控能力，导致项目处于低水平运作，供需两端匹配度不高。

从消费角度来看，目前国内的康养地产市场尚未培育出成熟的消费观念，很大一部分消费潜力并未传导到市场。对于居家养老和社区养老来说，消费者尚未有效认知到照护式养老模式的优势，加之适老化改造和康养服务会产生额外的消费支出，因此接受度有限。对于机构养老来说，受中国两千多年来"百善孝为先""养儿防老"等传统孝道文化影响，老人们更多选择在家而不是去更专业的康养机构。

从供给的角度来看，当前国内康养地产发展仍然处于起步阶段，缺乏成熟的市场发展环境和模式，在开发、运营等方面较多地借鉴国外成熟养老产业经验，但是我国独特的经济、文化、社会环境以及老龄社会现状决定了我们的养老市场与发达国家有较大的差异性，照搬国外的经验难以满足国内消费者需求。同时也存在一些行业乱象，现有较多的销售+持有型康养地产项目，为了实现资金快速回笼，销售产品建设完毕后，持有型物业建设进度减缓，承诺配套和服务难以按期到位，在一定程度上影响了康养地产项目声誉，造成客群不信任。

2. 尚未探索出明晰的盈利路径

相较于传统的房地产行业，康养地产项目回报周期较长，投资风险较大。传统房地产开发遵循"拿地—建设—销售"的逻辑，资金占用时间通常为2年，盈利模式清晰、周转速度快。但对于康养地产来说，开发商需要持有一定规模的资产并持续运营，必然会占用大量现金流，开发商资金压力较大、周转速度减慢，对房地产企业的资金实力是很大的考验，特别是在当前"三道红线"等政策严格限制房地产企业债务规模扩张的情况下，很难通过债务途径进行融资。

目前国内康养地产的运营模式主要包括销售型模式、销售+持有型模式、自持运营型模式，其中销售+持有型模式最为普遍。但从盈利角度来看，当前我国大部分康养地产受制于土地成本高昂、融资渠道较窄等原因的影响，盈利困难，但是究其根本，还是养老产业缺乏足够的政策支持和融资市场。

3. 服务专业化水平亟待提升

"康养"即为"健康"和"养老"，康养地产行业对于运营、服务能力要求较高。但目前行业发展尚未成熟，在服务内容层面，现有康养地产项目主要提供医疗、护理、养老、康复、娱乐、膳食等服务，服务内容多样但同质化严重，没有基于自身的定位，对一些老人的行动障碍、视觉障碍、听觉障碍等需求做出有针对性的特色养老服务，缺乏差异性。

目前，康养地产行业人才资源匮乏，养老服务人员严重不足。"康养+地产"项目的核心在于运营和服务，需配备足额的照护人数，由于服务对象为老人，对服务人员素质要求较高。当前，养老服务人员大多是没有固定职业的家政人员，即便是接受过专业培训取得资格证的人员，也缺乏实践经验，同时，康养项目的服务人员工资普遍不高，工作量大，导致服务人员流动率很高，服务质量和水平难以得到有效保障。

第二部分　他山之石：
"康养＋地产"的先行者

随着"银发红利"的不断释放，进入"康养+地产"行业的社会力量不断增多[16]。在我国经济平稳向好发展、第三产业发展迅速、老年人口规模庞大的宏观背景以及国家相关政策的支持下，众多企业瞄准康养产业和"康养+地产"产品供不应求的市场时机，先行将业务拓展到"康养+地产"行业。

第3章 国内典型案例

3.1 海南博鳌乐城国际医疗旅游先行区

3.1.1 项目概况

博鳌乐城国际医疗旅游先行区位于万泉河两岸,介于琼海市嘉积镇城区和博鳌论坛核心区之间。占地面积20.14平方公里,其中建设用地面积9.96平方公里。先行区周边高速公路、国道和省道等道路穿过,且与博鳌机场相距7.30公里,与博鳌动车站相距3.70公里,周边交通设施便利。

海南博鳌乐城国际医疗旅游先行区于2013年2月28日经国务院批准设立,在"国九条"政策优惠下,园区试点发展特许医疗、健康管理、照护康复、医美抗衰等国际医疗旅游相关产业,其目的是吸引国内外高端医疗旅游和前沿医药科技成果集聚。

3.1.2 政策背景

2013年2月28日,国务院发布《国务院关于同意设立海南博鳌乐城国际医疗旅游先行区的批复》(国函〔2013〕33号),同意在海南设立博鳌乐城国际医疗旅游先行区。同时出台"四个特许",支持博鳌乐城的建设。包括特许医疗:相关医疗人才、技术、器械和药品特许准入;特许国际交流:特许承办国际会议和进行国际交流;特许经营:放宽部分医疗审批权,特许境外资本进入;特许研究:特许开展一些例如干细胞等前沿医疗研究。

2018年4月2日,国务院出台《国务院关于在海南博鳌乐城国际医疗旅游先行区暂停实施〈医疗器械监督管理条例〉有关规定的决定》(国发〔2018〕10号),2018年12月21日,国务院出台《国务院关于在海南博鳌乐城国际医疗旅游先行区暂时调整实施〈中华人民共和国药品管理法实施条例〉有关规定的决定》(国发〔2018〕43号)。两个政策文件分别赋予了海南省政府审批博鳌乐城先行区进口临床继续医疗器械和药品的权限。

2019年9月10日,国家发展改革委等4部门联合印发《关于印发〈关于支持建设博鳌乐城国际医疗旅游先行区的实施方案〉的通知》(发改地区〔2019〕1482号),给予发展高水平医疗和科研机构的政策支持,并形成一定程度的集聚效应,开发医疗旅游项目,优化市场环境,加大对外开放,完善综合监管等要求。

2021年4月8日,国家发展改革委、商务部印发《国家发展改革委 商务部关于支持海南自由贸易港建设放宽市场准入若干特别措施的意见》(发改体改〔2021〕479号),支持互联网处方药销售发展,支持高端医疗器械在海南国产化进程中的创新,大力支持药品市场准入,发展高端医美产业。

3.1.3 规划布局

海南博鳌乐城国际医疗旅游先行区的总体空间结构为"一河两心、一区四镇"。"一河"是指万泉河生态绿色廊道,是整个试验区建设中良好生态自然景观的核心,对延续历史文脉,保障生态安全具有重要作用。"两心"是指在万泉河两岸设置的公共服务中心,是城市和先行区的公共性、服务性和开放性的体现。"一区"位于先行区左岸,是一个以医疗研究和特许医疗为主要功能的大型综合性组团。"四村"是指先行区两岸的四个疗养主题组团,这四个组团具有特色小镇的风貌,提供医疗、康养、健康管理等功能。

如今,博鳌乐城国际医疗旅游先行区初现规模,已有20余家医院正常运营,其中包括博鳌超级医院、一龄生命养护中心、海南博鳌恒大国际医院等。目前,与先行区进行合作的药械企业已经达到了80多家,涵盖了全球前三十的全部药械企业。目前先行区对国际药械的吸引力不断增强,已经引进了200余种国外创新型药械。在全国率先基本实现医疗技术、设备、药品与国际先进水平同步。

3.1.4 借鉴启示

海南博鳌乐城国际医疗旅游先行区以"医疗特区"政策资源为抓手,集聚多家高端医院、康养机构,打造高端医疗旅游示范区,政策条件优越,但可复制性极弱。

作为全国唯一一家在医疗领域对外开放的特区,在"四个特许"的优惠政策支持下,博鳌乐城实现了医疗技术、设备和药品与国际先进水平的"三同步"。此外,先行区具有显著的集聚效应,目前已有20余家医院正式运营,基于国内外领先的设备药品,通过与国内知名专家合作,完成多起国内首例手术,在干细胞临床研究、肿瘤治疗等领域形成产业集聚效应。

3.1.5 典型项目

1. 一龄生命养护中心

(1) 项目背景

一龄生命养护中心隶属于一龄医院管理集团。一龄医院管理集团创建于2005年,集团总部位于中国北京,产业基地和服务机构位于中国海南。一龄集团深耕大健康产业,致力于为会员用户提供全方位的健康管理和身体康养服务,逐步形成了以健康美丽幸福为主题的高端综合型医疗康养服务产业集团。主要涉及业务沿着医疗服务产业扩展,涵盖预防医学、康复医学、中医连锁、互联网医院、跨境电商业务、养生酒店、医疗旅游等相关业态,具有多业态、多体系和多元化的特点。目前集团公司拥有三级综合医疗机构2家,正式子公司10余家。在全国拥有1800多个提供门诊和健康管理的区域服务中心,会员数量达38万人,是目前中国快速成长中的国际医疗旅游连锁服务机构。

2017年1月,一龄生命养护中心投入运营;2018年12月获批博鳌超级中医院医疗执业许可证;2019年12月17日,博鳌一龄生命品质改善中心、逸和康养度假酒店试运营;2021年1月17日,博鳌一龄生命品质改善中心、爱乐活跨境大药房多业态联合开业;2021年12月26日,博鳌超级中医院(研究型)新院落成。

(2) 规划布局

一龄生命养护中心是国内首家以"生命养护"命名的三级综合医疗机构。项目于2017年1月建成并投入运营。其中,一期总投资10.00亿元,占地面积56.00亩,建筑面积57766.00平方米,包括四栋对外服务楼和一栋对内行政楼,下设精准医学研究中心、生命养护科学研究中心、国际医学影像中心等九个中心，主要满足会员疗养调理、娱乐休闲、医美美容等需求。

一龄生命养护中心整体呈四合院式空间形态。迎宾楼布局有多功能厅和书苑。迎宾楼左侧为四层建筑，包括国际医学影像中心、中医健康医疗中心、生命健康调理中心和精准医学研究中心，主要为用户提供疗养、调理等服务。右侧设置有形象设计打造中心、生命美丽雕塑中心、生命养护科学研究中心，主要用户群体为女性，提供医美、美容美体等服务。综合服务楼为11层建筑，一～四层包括自助餐厅、文化艺术体验中心、生命健康养护中心等，主要为用户提供用餐、体检、生活体验等服务；五～十层为客房，为用户提供住宿服务；十一层包括咖啡吧、健身房、泳池，满足用户娱乐休闲需求（图3.1）。

图3.1　一龄生命养护中心功能布局图

（3）服务模式

一龄生命养护中心基于生命健康美丽预检—风险评估—调理干预—效果评价四个环节，构建私人订制式生命养护服务方案，为客户提供"6S"健康养护、"5M"美丽养护和"7M"心灵养护等多样服务。

"6S"健康养护即：膳食养护、功能营养养护、运动养护、行为与习惯养护、心灵养护和综合医疗养护。

"5M"生命美丽养护即：心灵美、形体美、生活美、语言美、行为美。

"7M"生命心灵养护即：国学研修、道德修养、景观陶冶、生活美塑造、心理调适、心灵修炼、筑建心世界。

（4）盈利模式

一龄生命养护中心主打医养结合、医旅融合服务体系，以一龄生命养护中心为基地，精准提供高端养护服务；以遍布全国的区域医疗服务中心为依托，提供基础养护服务，开展全生命周期生命养护服务。

采取会员制模式，通过会员费和服务费取得收入。在会员费收取上，会员等级不同，费用标准也不同，基础会员9800.00元/年，享有权益包括：每年两次疾病筛查、一次基因检测、一次肝胆排毒等；可预约一龄生命养护中心行程，每次项目均提供3～4天免费食宿，住宿标准与会员等级挂钩。在服务费收取上，一龄会为会员订制私人化养护方案，基于会员自身体质及养护需求，提供增值服务，定向收费。

（5）借鉴启示

①服务领域聚焦：聚焦"病前预防+病后康养"，提供健康预检、疾病预防、康复调理等全方位的养护服务；特色服务为美丽养护服务，与韩国JK整容外科医院合作，可实施医美整容手术。

②服务对象精准：专注会员制，高会员门槛（9800.00元/年）有效筛选高净值用户，定制化服务挖掘购买力、增强客户黏性；基于亚健康人群，提供前端+后端服务，同时围绕高品质女性客户，提供医美等服务。

③服务体系丰富：采取会员定制模式，依据会员体质及需求，提供专属定制服务套餐。"1+N"机制覆盖会员多层次需求，区域服务中心提供日常化、基础性养护服务，如按摩、艾灸等，一龄生命养护中心提供高端化、定制化增值服务，提高客户满意度。

④整合全国客户资源：区域服务中心整合客户资源，精准提供海南旅居康养服务；结合海南优越自然气候资源，吸纳候鸟式养生客群，有效保障项目高入住率。

2. 博鳌国际医院

（1）规划布局

博鳌国际医院于2020年8月30日摘牌，占地面积81.60亩，建筑面积6.50万平方米，核定病床数500张，设有3000.00平方米经日本厚生劳动省GMP认证的实验室。项目由住院部、门诊、实验室大楼和VIP康复疗养区组成，设置床位600张（图3.2）。

（2）服务模式

博鳌国际医院开设高端体检中心、肿瘤精准治疗中心、神经系统疾病治疗

图3.2 博鳌国际医院实景图

中心、眼科疾病治疗中心等临床科室，配置了飞利浦PET-CT、磁共振、CT、DSA等大型医疗设备。2018年经省卫生健康委备案，该院成为意大利都灵大学附属医院，与日本小田治範医院长期合作，引进再生医学成熟技术，同时与美国斯坦福大学、韩国车医院、上海同济大学医学院附属第十人民医院、新加坡亚美医疗集团等建立战略合作关系合作。

重点针对高净值客户提供高端医疗服务，主打产品在于干细胞培育、移植，增强人体免疫，实现抗肿瘤、抗病毒和细菌感染以及美容保健。

（3）借鉴启示

博鳌国际医院主打"NK细胞"免疫技术，侧重于在肿瘤临床方面，为高净值人群提供高端医疗服务，技术、资金、人才壁垒显著，服务人群精准，可复制性极弱。

3.2 海棠湾上工谷

3.2.1 项目概况

海棠湾上工谷位于海南省三亚市，地处海棠湾腹地，距离解放军301医院海南分院5.50公里、海昌梦幻海洋公园8.90公里,地理区位条件优越。

本项目为政府主导、企业运作模式。海棠区政府制定上位规划,进行主体建筑、安置小区建设;万茂联合健康项目管理有限公司提供项目运营服务,进行建筑装修改造、商业招商、商业运营。

项目总体规划9000多亩,依托得天独厚的自然环境和健康产业发展基础,以中医药、运动医学为核心,推动特色农业、旅游、中医健康等功能的融合发展,打造集文化体验、养生民宿、旅游休闲度假于一体的养生项目(图3.3)。

图3.3 海棠湾上工谷实景图

3.2.2 功能布局

目前,海棠湾上工谷已建成范围包括3.80万平方米商业、2000余户安置小区,涵盖南药森林公园、康养民宿区、运动康复中心、康养休闲等板块,提供康复疗养、休闲娱乐、住宿、餐饮等多样化功能服务(图3.4)。

1. 康养休闲区

康养休闲区规划建成中药街、商业街,招商企业主要包括中医药老字号公司(东阿阿胶、片仔癀)、中医馆(博爱堂)、连锁药店(正合堂)、康复中心(音唯听力康复)、药膳餐饮(尚善厨)等。商业街整体风格统一,多为独栋门面,目前挂牌有天泽康年康养中心、音唯听力康复中心等,但均未对外营业(图3.5)。

图3.4 海棠湾上工谷功能分区图

图3.5 海棠湾上工谷康养休闲区实景图

受疫情及项目自身品质影响,近年来消费客群减少,较多入驻企业退租,商业空置率极高,后续运营面临窘境。

2. 运动康复区

运动康复区主要建设有上工谷运动医学康复医疗中心。该中心于2018年12月正式投入运营,一期建筑面积2300.00平方米,分为专家门诊、体质监测、物理治疗、康复评定、运动治疗、体能康复六大区域,为专业竞技和大众群体提供"骨科康复""慢性病""疼痛康复"和"产后康复"的专业解决方案及专业服务。

运动康复区为两层建筑，一层主要为康复治疗场地，场地开敞，私密性不强，同时布局紧凑，放置有较多运动康复器材，舒适度不够；二层主要配置损伤康复器械、体质检测设备等，私密性相对较强（图3.6）。

图3.6　海棠湾上工谷运动康复区实景图

3. 康养民宿区

上工谷小镇民宿由公司租用空置房屋进行统一改造装修，打造为特色民宿，目前设置有二～三层150.00～300.00平方米规格不同的19栋联排别墅，别墅外部是中式建筑，白墙红瓦。在户型设计上，有三居别墅（150.00平方米）、四居别墅（200.00平方米）、五/六居别墅（250.00平方米）、七居别墅（300.00平方米）。在功能设计上，包括一楼客厅、独立厨房、卧室、棋牌室、独立书房、露台，可满足用户烹饪、烧烤、会客、观景等多样化需求。民宿价格根据面积、季节不同有所波动（图3.7）。

3.2.3　盈利模式

目前主要收入来源为康养休闲区门店租赁收入、运动康复区诊疗收入、康养民宿区客房销售收入。受疫情和项目品质影响，目前民宿入住率较低、门店基本关停、运动康复区患者较少，项目尚处于亏损状况（图3.8）。

3.2.4　借鉴启示

目前，海棠湾上工谷经营状况较差，康养休闲区面临入驻企业退租困境，

图 3.7　海棠湾上工谷康养民宿区实景图

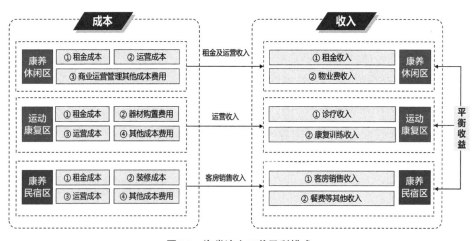

图 3.8　海棠湾上工谷盈利模式

商业空置率极高；运动康复区场地较小，私密性不够；康养民宿区客流量不足，入住率偏低。原因如下：

1.定位偏差，重点在于"医"而非"养"：引进中医药头部品牌和企业，但本地村民可自行上山采药，外地客群对于中医药接受度有限，使得用户接受度较低，客源不足。

2.品质不高，缺乏差异化：目前小镇内商业基本处于空置状态，而民宿内部配置与一般度假村无异，整体品质较低，市场吸引力不足。

3.特色板块规模小、优势不强：设置运动康复中心，拟以运动员为主要服务对象,但目前建成面积小、布局紧凑、私密性弱,难以承接高端康复业务,带动效应极弱。

3.3 保利天悦和熹会

3.3.1 项目背景

保利(广州)健康产业投资有限公司(简称:保利健投)是保利集团旗下的全资子公司。作为保利集团的核心平台,保利健投以健康养老服务为切入点,在大力开发投资健康产业,为各种有健康需求的人们提供专业化、全生命周期和全链条服务的同时,积极构建良性的业内生态圈,推动健康产业的有效发展,努力成为促进行业发展的"健康生活同行者"。

保利的健康产业布局开始于2012年,在北京设立首个以"医养结合"为特色的养老机构——北京和熹会。从2015年开始,和熹会在机构养老的基础上,将养老范围逐渐拓展到社区和家庭,发展出了以"机构为服务依托、社区为服务场景、居家为服务终端"的独特养老模式。

目前,除了"和熹会"以外,保利还打造了民营养老品牌"银福苑"和居家养老品牌"和悦会",在产品提供方面,依托"保利和品"这一品牌销售专业的老年用品。为了进一步促进养老产业的发展,保利还举办了养老博览会"SIC老博会",并创建了专门的媒体平台"环球老龄"。此外,保利还积极参与养老产业基金"太平保利"的运作,以推动康养产品的多元发展。和熹会打造的"医养结合型"中心,以满足老人的需求为运营的目的,并且将业务范围拓展到北京、上海、成都、广州、嘉善等多个城市,实现空间上的有效连接,可以享受一地入住、多地养老的候鸟式养老服务(图3.9)。

3.3.2 项目概况

保利天悦和熹会位于广州海珠区核心地段,区位条件优越。北临珠江、四面环水,生态优越;毗邻地铁4号线、8号线,交通便利;周边3公里布局有保利广场、万盛广场、洲际酒店等商圈,生活购物便利,配套成熟;紧邻保

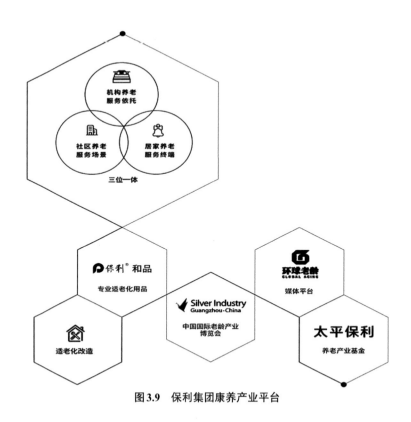

图3.9 保利集团康养产业平台

利天悦楼盘，目前保利天悦住宅售价约140000.00元/平方米，高端人群云集。

保利天悦和熹会地块为商业用地，土地年限40年，总建筑面积2.63万平方米（地上1.84万平方米，地下0.79万平方米），共有400余张床位。项目定位为"城市级医养结合旗舰综合体"，借助智慧养老云平台，为入住长者提供日托和上门服务。

保利天悦和熹会由保利发展控股建设，保利旗下全资子公司保利健投租赁，进行后期运营。保利发展控股集团获取商业用地后进行项目建设，依据运营方需求进行装修，建成后移交至项目运营方。保利（广州）健康产业投资有限公司租赁已建成项目大楼，支付项目租金，进行项目运营。

3.3.3 规划布局

保利天悦和熹会采用一体两栋、分区管理模式。高层建筑为和熹公馆，服务于有自理能力的活力型长者，低层建筑是和熹会，提供给不能自理的照顾型长者（图3.10）。

首层有前厅会客区、北侧户外园林、会客洽谈区、餐厅/包房、中央园林、

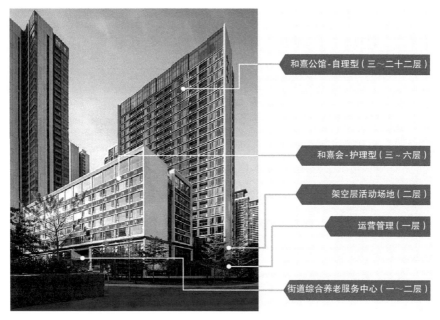

图3.10 保利天悦和熹会功能分区图

医务室/药房、康复中心、评估室、安防中心;二层有图书室、健康数据管理中心、舞蹈室、医务室、美容理发室、影音室、健身房、书画茶艺区、多功能厅、娱乐活动室、空中花园。

和熹公馆三~二十二层为活力型长者公寓,设计房型包括:单人间(1室1卫1阳台,55.00平方米)、双人间(1室1卫,57.00平方米)、两房一厅(2室1厅1厨1卫,81.00平方米)、一房一厅(1室1厅1厨1卫,92.00平方米)。

和熹会三~六层为照护型长者公寓,设计房型包括:双人间(1室1卫,54.00平方米)和套间(2室1厅1卫,92.00平方米)。

3.3.4 服务体系

保利健投构建了以机构支持、社区拓展、居家服务为核心的网格化养老服务体系。除了保利天悦和熹会高端养老机构外,2020年9月,在当地民政部门指导下,保利在天悦和熹会内开办了海珠区琶洲街(保利)综合养老服务中心,一家采用嵌入式、综合性、多功能和普惠性的模式,以机构养老为核心,为社区居民提供居家养老服务的综合养老服务中心,同时满足老人居家养老的多元需求。

1. 保利天悦和熹会

保利天悦和熹会打造高品质医养结合机构,为入住老人提供医、养、护、食、住、学等服务。

在医疗护理方面,天悦和熹会与中山大学孙逸仙医院开展合作,打通医疗服务绿色通道,快速通达多家三甲医院。此外,天悦和熹会在长者入住前后都会定期对其身体状况进行评估,按照广州市《老年人照顾需求等级评定规范》确定照护等级,并根据照护等级结果制定针对性的照护和康复计划,同时,进行动态的即时性评估,实时监测长者生活的自理情况。

在文化生活方面,保利天悦和熹会开设了"和熹学堂",举办郊游参观、艺术鉴赏等文化活动,设计有保健操、书法、绘画、手工、电影等文娱课程。

2. 海珠区琶洲街(保利)综合养老服务中心

海珠区琶洲街(保利)综合养老服务中心建筑面积1345.00平方米,设有长者饭堂、康复服务、日托服务、医疗服务、文化娱乐等功能区。

服务内容涵盖了康复护理、日常生活照料、餐饮辅助、医疗卫生、白天托管、短期托养、文化娱乐、心灵抚慰、临终关怀等领域,并根据老年人多元化、个性化的需求,提供养老服务咨询、辅具租赁、适老化改造、智慧养老等特色服务。同时还提供上门服务,依托社区资源为老年人提供如康复咨询与指导、精神慰藉、居家照护等一站式、到户式的服务。此外,该养老服务中心与社区卫生服务中心连通,为周边社区老年人提供健康咨询、健康管理等服务。

3.3.5 收费模式和标准

目前主推的入住方式为购买会员卡,每张卡最多可以入住两位长辈,会员卡可转让、可继承、可回购,不同房间、不同年限价格不同,参考价格如下(表3.1、表3.2):

保利天悦和熹会(护理区)收费标准　　　　表3.1

保利天悦和熹会(护理区)	
会员卡	8.00~28.00万元
管理费	8200.00~19800.00元/户/月
护理费	2800.00~7600.00元/人/月

保利天悦和熹会（自理区）收费标准　　　　表3.2

		10年	15年	30年
会员卡费	单人间	56.00万元	79.00万元	154.00万元
	双人间	58.00万元	81.00万元	160.00万元
	两房一厅	/	112.00万元	232.00万元
	大一房一厅	89.00万元	128.00万元	249.00万元
	VIP套间	/	197.00万元	343.00万元
管理费		7000.00元/月		
餐费		2000.00元/月		

3.3.6 借鉴启示

1. 精准布局，瞄准高端客群：天悦和熹会区位优势明显，交通便利、生态优越，适宜老人居住、家属探望；基于核心城市核心板块，易于获取目标客户，该片区为广州的第四大豪宅区，人群消费层次高；品牌认可度高，项目紧邻保利天悦住宅项目，便于依托周围片区，转化为目标客户。

2. 以养为主，健全服务体系：天悦和熹会秉持以"养"为主的理念，内设医务室和康复室，为入住老人提供基础医疗和康复训练治疗服务；搭建"医"通道，与中山大学附属第六医院等5家医院合作，开设绿色通道；"医、养、护、食、住、学"六项服务体系，满足老人需求。

3. 三位一体，完善业务链条：天悦和熹会构建机构、社区、居家三个层次养老体系，市场覆盖面广；以机构养老为依托，发挥专业人员、医疗设备等优势，提供高端化、全面化服务；响应政府政策，建设街道养老中心，服务街道内老年人群；可基于养老机构，提供上门服务，拓展增值业务。

4. 科技赋能，搭建科技云平台：天悦和熹会构建名为"和熹LIFE"的智慧云平台，建立长者个人健康档案对老人的健康状况实时记录。该平台将借助定位系统、智能机器人、亲情呼叫等设备，实时监控长者的状态，并且为老人进行远程医疗服务，确保长者安全健康。

3.4 武汉合众优年社区

3.4.1 项目概况

武汉合众优年社区位于武汉市蔡甸后官湖风景区，紧邻知音湖大道，风景宜人，于2013年10月正式运营。

武汉合众优年社区是由合众人寿保险股份有限公司投资的大规模复合型养老社区。社区借鉴美国CCRC社区机构、社区、居家三位一体的养老模式，涵盖养老、养生、医疗、休闲度假等板块，除了为老人提供日常的生活起居照料以外，还提供康复护理、阿尔茨海默病（认知症）照料等专业照护服务。

3.4.2 功能布局

项目一期已建成245.00亩，建筑面积18.00万平方米，可容纳3000名长者入住，共包括展示中心、会所、独立生活楼、艺术会所、养生会所、养生公寓、健身会所、协助生活楼、失忆护理楼、专业护理楼、生活会所11个区域（图3.11）。

目前休闲酒店（养生公寓）、会所及部分活跃长者区暂时停业。

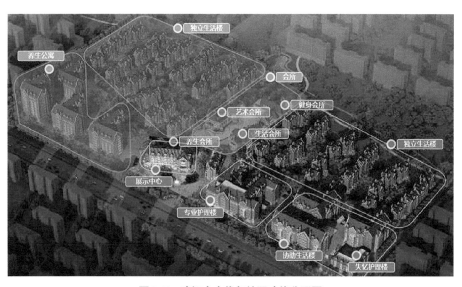

图3.11 武汉合众优年社区功能分区图

3.4.3 服务内容及价格标准

1. 综合护理区

协助照料区采用"集中居住、分户生活"模式,以保证老人可以获得充分的照顾,并设有公共社交区,提供休闲场所。

(1)协助照料区

协助照料区主要服务身体相对健康、生活基本自理的老人,评级标准为零级。服务内容包括:①起居照料服务,安排生活秘书,关注日常起居问候与安全探访,协调社区服务,记录日常生活起居日志;②健康管理服务,安排私人保健医生,建立并持续更新健康档案,提供定期体检,进行活动和认知能力评估;③生活便利服务,完善物业服务,提供24小时生活热水、全天候物业保修、定时居室清洁、社区餐厅等(表3.3)。

协助照料区收费标准 表3.3

床位费	小标间	包房2100.00元;单床1050.00元
	大标间	包房2650.00元;单床1330.00元
	一居室	2650.00元
	一居室(带阳台)	2770.00元
	二居室	1550.00元
	二居室(带阳台)	1760.00元
服务费	一人包房1330.00元;两人拼房1000.00元/人/月	
餐费	标准餐1000.00元/人/月	

老人入住费用包括床位费、服务费、餐费,以小标间最低3050.00元/人/月为例,3050.00元=床位费1050.00元+服务费1000.00元+餐费1000.00元。

(2)专业护理区

专业护理区为老年人提供更加专业化的护理服务,包括为行动不便的老人、长期卧床的老人、因突发疾病住院或手术之后需康复治疗的老年人等提供全天性的照料服务,评级标准为护理一级到护理五级。

服务内容包括:①医疗支持服务,提供康复训练,专业的康复训练人员,百余种康复训练器材;②临床护理服务,定制化护理计划,全天候的紧急呼救响应,包括协助活动、帮助用餐、卫生清洁、医药助理等;③居家生活服务，完善物业服务，24小时生活热水、全天候物业保修、定时居室清洁、社区餐厅（表3.4）。

专业护理区收费标准　　　　　　　　　　　　　表3.4

床位费	单人间	2210.00元
	双人间	2330.00元
	三人间	2650.00元
服务费	护理一级	1880.00元
	护理二级	2600.00元
	护理三级	3260.00元
	护理四级	3970.00元
	护理五级	4640.00元
餐费	标准餐1000.00元/人/月	

以单人间最低5090.00元/人/月为例，5090.00元＝床位费2210.00元＋服务费1880.00元＋餐费1000.00元。

（3）康复护理区

康复护理区主要服务于患阿尔茨海默病的老年人，评级标准为失智一级到失智三级。

服务内容包括：①起居照料服务，专属照料服务，特殊设计居室、针对性公共空间设置，防止老人走失，每一层均设置护士岛和公共休息区，提供24小时照料；②临床护理服务，专属护理服务，全天候的紧急呼救响应，包括协助活动、帮助用餐、卫生清洁、医药助理等；③康复训练服务，专业康复训练，设置独立的失忆花园、怀旧室、康复室等，进行思维训练、认知训练等康复训练项目（表3.5）。

康复护理区收费标准　　　　　　　　　　　　　表3.5

床位费	单人间	1770.00元
	单人间	1990.00元
	双人间	2210.00元
床位费	双人间	2650.00元
服务费	失智一级	3750.00元
	失智二级	4910.00元
	失智三级	6070.00元
餐费	标准餐1000.00元/人/月	

以单人间最低6520.00元/人/月为例,6520.00元＝床位费1770.00元+服务费3750.00元+餐费1000.00元。

2. 活跃长者区

活跃长者区着重于通过生态、运动和园艺等多种养生方式,为活跃长者提供促进身心健康的养生服务。目标客群为年满50周岁及以上;身体健康,具有自主活动能力的活跃老人,退休老人进行初步健康评估,即可入住。服务内容包括:日常陪伴照料保障,社团文娱活动,优质护理等(表3.6)。

活跃长者区收费标准　　　　　　　　　　　　　　表3.6

门槛费	一室一厅一厨一卫(约70.00平方米)	45.00万元
	二室二厅一厨一卫(约90.00平方米)	60.00万元
	三室二厅一厨一卫(约128.00平方米)	80.00万元
基础服务费	700.00~1200.00元/月	
餐费(自选)	1000.00元/月	

活跃长者区采取门槛费+基础服务费的收费模式。

获得购房资格的会员拥有对应房屋的30年使用权(无产权,可转让、继承和赠予),以及指定符合条件的第三人使用;住满三年及以上可随时退房,合众优年退还门槛费,入住期间不收房租,仅需交纳基础服务费,如暂时不住仅需缴纳物业管理费200.00元/月。

3.4.4 借鉴启示

目前,武汉合众优年社区经营情况一般,独立生活区入住率较低,较多公共建筑配套和公共设施处于空置、闲置状态。原因如下:

1. 板块配置失衡,居家养老占比过多:服务于居家养老的独立生活楼数量较多,市场接受度不高;护理区入住率约90.00%,但数量较少,导致项目整体收益水平一般。

2. 多样化产品类型,前期资金投入过大:一期产品包括酒店、会所、照护区、独立生活区等,建设资金投入量大,但目前空置率较高,资源浪费严重。

3. 位于武汉四环线外,距离主城相对较远:社区位于后官湖,风景宜人但距离主城较远,儿女探视老人存在不便,同时人群密度相对较低,难以提供上门照护服务,不利于拓展业务增量。

3.5 武汉泰康之家·楚园

3.5.1 项目背景

泰康之家是第一家投资养老社区的企业，是泰康保险集团三大核心业务（保险、资管、医疗）之一。泰康之家养老社区借鉴美国的经验，推广持续照顾型养老模式。在满足老年人健康、养老、社交、娱乐等核心需求的同时，该社区相配套的还有专门为老年人成立的康复医院，可以为老年人提供覆盖全生命周期的专业护理、医疗照顾、康养恢复、记忆照护等健康服务。泰康之家养老社区将活力、文化、健康、科技等元素融入自身养老服务的特色之中，为老年人提供一个"温馨的家、优质的医疗中心、开放的大学、优雅的俱乐部、心灵的家园"五位一体的生活方式。

泰康之家采取使用"保单捆绑+押金"的长期持有模式，打造"保险+医养+资管"的产业链闭环。泰康借助跨境医疗产业布局，将虚拟保险与实际医疗相结合，打造"养老保险与养老社区、健康保险与医疗体系、养老与资产管理"三大闭环。客户通过购买泰康指定养老保险和健康保险，享受泰康提供的养老服务与医疗服务，并通过资产管理为客户的健康和退休储备物质财富。

目前，泰康之家养老社区已经在全国26个重点城市布局，其中北京、上海、广州等11个城市的社区及康复医院已正式投入运行。

3.5.2 项目概况

武汉泰康之家·楚园坐落在武汉市东湖高新技术开发区（光谷），紧挨着大东湖湿地公园，周围植被茂盛，生态环境优美。从武汉泰康之家·楚园到武汉市中心和附近的同济医院光谷院区等三甲医院仅需20分钟车程，还有多条快速道路可以直达武汉三镇。

武汉泰康之家·楚园于2020年7月15日正式进入运营阶段，截至2022年7月15日，在住居民近370人，入住居民平均年龄约80岁。

3.5.3 功能布局

武汉泰康之家·楚园占地面积约17.50万平方米，地上建筑面积约18.70万平方米，可提供约900个养老单元。园区内绿树成荫，绿化率达到了36.00%，园内配建的二级康复医院武汉泰康楚园康复医院建筑面积11369.00平方米，规划病床100张、护理床位211张。

武汉泰康之家·楚园社区设一个一级活力中心和三个二级活力中心。一级活力中心位于社区中部，除了餐厅以外，还分布有泳池、小剧院等功能场所，满足老人"社交、运动、美食、文化、健康、财务管理和心灵的归属"七大核心需求。二级活力中心主要是餐厅和医务室，布局在几栋公寓旁边，方便老人就近就餐和就医（图3.12）。

图3.12 武汉泰康之家·楚园功能布局图

3.5.4 特色服务

1.活力生活

（1）适老设计：高品质居家环境（新风系统、优质生活用水集中供应、中央空调、恒温康体泳池），国际适老无障碍设计（适老化照明、无高差地面、无障碍电梯、无障碍通道、圆角设计、大字符电话、拉绳报警）。

（2）生活照料：健康管理（档案管理、健康评估、健康体检与疫苗注射、慢病管理、居家照护），生活照料（全方位生活支持服务、生日关怀、安全访视、情绪抚慰、节庆祝福、友邻结对），科学膳食（有机蔬菜直供、美味养生丰富菜品）。

（3）活力社交：乐泰学院（以"养心、修身、齐家、有为、看天下"为宗旨，提供百余门课程），乐泰俱乐部（自主建立兴趣小组），活力中心（提供图书馆、健身房、游泳池等各类文化和运动场馆），时间银行（鼓励社区住户参与义工服务，并对其进行激励）。

2. 护理生活

（1）专业医养照护体系：TKR泰康国际标准康复体系（依托科学团队，制定和提供个性化国际标准服务），TK-LTC泰康长期照护体系（私人定制个性化护理服务，致力于提升老人生命质量）。

（2）CCRC持续照护：引进美国CCRC持续照护模式满足独立自理、半自理和失能失智等不同身体状态长辈的照护需求。

（3）分级照护：独立生活服务（生活自理居民），协助生活服务（生活独立性居民），专业护理（需长期护理和慢病康复居民）、记忆照护（逐渐出现记忆障碍的居民）。

3. 医养结合

（1）医疗保健中心：社区内配建康复医院，提供高品质医疗保健服务。

（2）康复专科连锁：社区内的康复主要发展康养医学和老年医学，提供集诊疗、康复和护理为一体的康复医疗服务。

3.5.5 项目收费

泰康之家盈利模式分为保险客户的"养老保险+月费"模式和社会客户的"一次性押金+月费"的模式。

一次性押金用于收回本金，月费、护理费、餐费等用于维持日常运转。其中，月费组成包括：房屋使用费（房屋租金、房屋维修费）+居家费（物业服务费、文化娱乐活动费、设施设备使用费、能源使用费等）。

1. 独立生活公寓

（1）购买乐泰财富卡

需预先缴纳20.00万元/户入门费获得养老社区入住资格，费用支出＝入门费＋乐泰财富卡＋月费＋餐费＋其他收费（表3.7）。

入住独立生活公寓且购买乐泰财富卡的收费标准　　　　表3.7

户型	入住人数	乐泰财富卡（万元/户）		月费（元/月）（如有调整，以社区最新通知为准）	餐费	其他收费
		标准价格（原价）	优惠后平均价格	房屋使用费及居家费用		
一居室	1人	100.00	约70.00	5000.00	预估餐费1800.00元/月/人	按个人需要付费使用，参照社区特约服务价目表
	2人			7200.00		
舒适一室一厅	1人	150.00	约105.00	6600.00		
	2人			8800.00		
温馨一室一厅	1人	200.00	约140.00	8500.00		
	2人			10700.00		
温馨两居室	1人	300.00	约210.00	12400.00		
	2人			14600.00		

（2）未购买乐泰财富卡

需预先缴纳入门费获得养老社区入住资格，入门费根据户型不同收费不同，价格50.00万元/户起。费用支出＝入门费＋月费＋餐费＋其他收费（表3.8）。

入住独立生活公寓未购买乐泰财富卡的收费标准　　　　表3.8

户型	人数	月费（元/月）（如有调整，以社区最新通知为准）		餐费	其他收费
		房屋使用费及居家费用（原价）	房屋使用费及居家费用（优惠价）		
一居室	1人	9100.00	7900.00	预估餐费1800.00元/月/人	按个人需要付费使用，参照社区特约服务价目表
	2人	11300.00	10100.00		
舒室一室一厅	1人	12800.00	11000.00		
	2人	15000.00	13200.00		
温馨一室一厅	1人	16800.00	14300.00		
	2人	19000.00	16500.00		
温馨两居室	1人	25000.00	21200.00		
	2人	27200.00	23400.00		

2. 护理区

护理区费用支出＝护理押金＋月费＋特约服务费。

（1）护理押金：需要一次性缴纳齐全且可退还，5.00万/人，缴纳之后才可获得入住资格。

（2）月费：包括房屋使用费及居家费用、护理服务费、餐费。其中房屋使用费及居家费用根据房型和人数不同有所差异，房屋使用费及居家费用具体见表3.9。

房屋使用费及居家费用　　　　　　　　　　　　　　　　表3.9

房型	入住人数	房屋使用费及居家费用（元/月）
单人间	1人	5200.00
双人间	1人	7800.00
	2人	7800.00

护理服务费根据照护等级不同有所差异，不同照护等级的护理服务费具体见表3.10。

不同照护等级的护理服务费　　　　　　　　　　　　　　表3.10

照护等级	护理服务费（元/人/月）
护理一级	6500.00
护理二级	8000.00
护理三级	9500.00
护理四级	12000.00
护理五级	15500.00

护理服务费中均包含餐费，餐费为1800.00元/月/人。

（3）特约服务费：不同住户根据自身需要享受的服务项目所额外收取的其他费用。

3.5.6 借鉴启示

1.医养结合：按照国家二级康复医院标准建设武汉泰康楚园康复医院，致力于老年医学、康复医学、健康管理等领域。该医院以构建"急救—康复—健康管理"三重保障为特色，为入住老人提供全面的健康服务，包括疾病预防、健康管理、急救、诊断治疗和康复等方面，在一定程度上提升了入住老人的安全度，增强了客户满意度。

2. 产融结合：构建大健康产业生态系统，将保险支付与医疗、保健服务相结合，打造长寿、健康、财富三大闭环，将保险与养老结合起来，相互促进，为人们提供一个满足养老、健康需求的筹资模式与服务平台。

3. 候鸟养老：目前，康泰家居已覆盖全国26个重点城市。入住老人可在这些城市中的养老社区之间自由迁徙，真正实现"候鸟式"养老。

4. 精准定位：康养之家依托自身庞大的客户基础，通过保险产品获取高端客户渠道，精准定位"高知、高管、高干"高净值人群，同时，精准网罗中产人群，提供高品质、高价格、全方位服务，针对中产人群打造大健康产业链，挖掘顾客终身价值。

3.6 武汉远洋椿萱茂老年公寓

3.6.1 项目背景

椿萱茂是远洋集团于2012年推出的高品质养老服务品牌，面向全龄老年群体、提供全周期养老产品，借鉴国际养老经验，致力于为老人创造一个舒心的晚年生活。

椿萱茂通过与美国领先养老服务运营商 Emeritus Corp.Emeritus、Meridian Senior Living（MSL）和 Validation Training Institute（VTI）深度合作，引入国际先进养老理念与服务技术，结合中国长辈特点和健康养老需求，提供的119项服务覆盖该集团打造的7大产品，涉及10余个专业，提供高质量、全周期、国际化的健康养老产品，致力于让中国老年人享受高品质的老年生活。

目前，椿萱茂已经成功经营了30个连锁健康养老机构，涵盖我国的五大城市群中的8个核心城市，拥有专业工作服务人员超过1800人，可提供共计超过11000张床位，累计为超过10000名老人提供服务，已形成CLRC长者社区、CB老年公寓、CBN护理院全业态。

3.6.2 项目概况

武汉远洋椿萱茂老年公寓于2017年12月28日开业,位于武汉市二环内、江岸区高雄88号大厦东侧,为一栋单体建筑。

项目交通便利,紧邻高雄路,交通便捷,通达性强。多条道路通联,区域内路网四通八达,地铁3号线苗栗路、地铁6号线香港路皆可直达;医疗资源丰富,距武汉市第六医院仅3分钟车程,离协和医院、同济医院、长江航运总医院仅15分钟左右车程;自然景观优美,背靠宝岛公园,毗邻解放公园。

武汉远洋椿萱茂老年公寓室内面积约1.00万平方米,共132个房间,可提供259张床位,其中,60.00%床位给予失智照护和生活照料人群,40.00%给予自理人群,分区居住、分级照料(图3.13)。

图3.13 武汉远洋椿萱茂老年公寓实景图

3.6.3 服务体系

武汉远洋椿萱茂老年公寓打造乐享365服务体系,主要包括乐观、乐和、乐趣、乐活、乐享、乐园六项服务。

乐观:健康养生(制定个性化健康管理计划),心理支持(制定相应心理辅导类活动)。

乐和:社交活动(搭建长者俱乐部、社团活动等生活社交平台)。

乐趣：文化生活（成立专家讲师团，提供交流平台），休闲娱乐（提供唱歌、棋牌、运动等娱乐活动）。

乐活：星级住行（提供家政、管家、代办等服务），营养膳食（三餐两点，提供营养均衡餐饮）。

乐享：生活照料（提供日常生活照顾），失智照护（制定失智照护解决方案），专业护理（制定个人护理方案），康复服务（提供专业康复服务）。

乐园：专业功能布局（包含邻里互动空间、交流空间），适老化细节（灯光、家具、卫生间等适老化改造）。

3.6.4 收费内容及标准

武汉远洋椿萱茂老年公寓入住收费内容包括：押金+床位费+餐费+服务费。其中床位费按照户型收取，服务费基于老人照护等级收取。

入住前需交5.00万元押金，用于医疗保障金，押金随时可退。对于一般自理型老人，床位费3850.00元+餐费2200.00元+服务费500.00元，折后约5500.00元/月/人。

3.6.5 借鉴启示

1. 聚焦高净值客户

武汉远洋椿萱茂老年公寓位于武汉市汉口核心片区，交通便利、配套齐全、服务品质较高、生活氛围浓厚，重点聚焦于高净值客户，目标客群明确。

2. 以养为主，打通绿色就医通道

着重提供康养照护服务，承担基础医疗保健服务功能，与协和等大型医院合作，建立老人就医快速通道，由合作医院承担医疗功能。

3. 拓展特色服务，提供失智照护服务

引入美国失智照护疗法，为失智老人提供非药物全面管理解决方案，精准锁定细分客群，目前失智照护区入住率约100%。

第4章 经验总结与分析

通过前文对海南博鳌乐城等6个典型康养地产案例的分析，发现目前我国的"康养+地产"项目普遍利用当地优越的产业发展政策，服务对象具有高端性、精准性；服务内容具有丰富性、个性化；医养结合水平较高，提供高端医疗服务和诊断；产业融合发展、积极拓展特色业务。

但是，由于我国的"康养+地产"发展还处于初级阶段，康养服务产业受到传统观念、不健全的产业体系、初级的养老市场、不健全的行业发展及监督、短缺的人力资源等难题的影响[17]，很多最早一批进军康养地产行业的企业存在资金投入大、市场风险高、用户定位偏差、目标群体不足、板块配置失衡、特色板块带动效应弱、品质较低、缺乏差异化产品等问题（表4.1）。

典型康养地产案例总结　　　　　表4.1

序号	项目名称	启示经验	存在问题
1	海南博鳌乐城国际医疗旅游先行区	以"医疗特区"政策资源为抓手，集聚多家高端医院、康养机构，打造高端医疗旅游示范区，政策条件优越	可复制性极弱
1.1	一龄生命养护中心	①服务领域聚焦。聚焦"病前预防+病后康养"提供全方位养护服务。②服务对象精准。会员制高门槛筛选高净值用户；为亚健康人群提供前端+后端服务，为女性客户提供医美等服务。③服务体系丰富。"1+N"机制覆盖会员需求，区域服务中心提供基础性养护服务，一龄生命养护中心提供定制化服务。④整合全国客户资源。区域服务中心整合客户资源；博鳌养护中心吸纳候鸟式养生客群	①采取博鳌基地+区域服务中心模式，资金投入大，存在一定市场风险。②采用高端会员制，客户群体需进一步培养，市场接受度需持续提升
1.2	博鳌国际医院	主打"NK细胞"免疫技术，侧重于肿瘤临床方面应用，技术、资金、人才壁垒显著，服务对象精准	可复制性极弱

续表

序号	项目名称	启示经验	存在问题
2	海棠湾上工谷	以中医康养、运动康复为特色，联动三亚301医院，特色服务明显	①定位偏差，重点在于"医"而非"养"。本地村民需求较小，外地客群对于中医药接受度有限，用户接受度较低，客源不足。 ②品质不高，缺乏差异化。商业基本空置，民宿品质较低，市场吸引力不足。 ③特色板块带动效应极弱。运动康复中心建成面积小、布局紧凑、私密性弱，难以承接高端康复业务
3	保利天悦和熹会	①精准布局，瞄准高端客群。位于核心板块，易获取目标客户，紧邻住宅产品，品牌认可度高。 ②以养为主，服务体系精细。为入住老人提供基础医疗和康复训练治疗服务，与中山大学附属第六医院等5家医院合作，开设绿色通道。 ③三位一体，完善业务链条。构建机构、社区、居家三个层次养老体系，市场覆盖面广，易于拓展增值业务	缺乏差异化服务产品，独特性和创新性略显不足
4	武汉合众优年社区	①生态环境优越，位于后官湖风景区，风景优美、宜居宜养。 ②采用CCRC模式，服务全面，满足不同年龄段长者的差异化养老需求	①板块配置失衡。居家养老占比过多，市场接受度不高；护理区入住率约90.00%，但数量较少。 ②产品类型过多，资金投入大。涵盖酒店、会所、照护区、独立生活区等，空置率较高，资源浪费严重。 ③地理位置偏僻。距主城较远，难以探视老人，人群密度较低，难以拓展业务增量
5	武汉泰康之家·楚园	①医养结合。建设武汉泰康楚园康复医院，增强老人安全性和满意度。 ②产融结合。打通"保险+大健康服务"循环，打造大健康产业链。 ③候鸟养老。覆盖26个重点城市，满足"候鸟式"养老体验。 ④精准定位。通过保险产品打通高端客户渠道，同时网罗中产人群	采取重资产自建的经营模式，巨额资本投入，项目回收期较长，市场风险较大

续表

序号	项目名称	启示经验	存在问题
6	武汉远洋椿萱茂老年公寓	①聚焦高净值客户。位于汉口核心片区，交通便利、配套齐全、服务品质较高，生活氛围浓厚，目标客群明确。 ②以养为主。着重提供康养照护服务，与协和等大型医院合作，建立老人就医快速通道，由合作医院承担医疗功能。 ③拓展特色服务。引入美国失智照护疗法，为失智老人提供非药物全面管理解决方案，目前失智照护区入住率约100.00%	①位于汉口老城区，周边城市街面较为老旧，景观风貌一般。 ②占地面积较小，功能布局过于密集，休憩空间略显不足

通过选取国内典型"康养+地产"案例，深入分析其成功经验和存在不足，从而为武汉城建集团进入"康养+地产"行业提供了有益的参考和借鉴。

4.1 抓住政策机遇　把握市场红利

随着我国步入老龄化社会，庞大的老年人口存在着大量养老产品需求，并且生活水平的提高使人们更加注重高品质的生活，居民对康养服务的支出能力及意愿不断上升。然而，目前我国养老产品和服务的提供速度滞后于老龄化的发展速度，因此存在着较大的康养产品和服务的供给缺口。随着健康中国战略的提出以及各项康养产业利好政策的陆续出台，武汉城建集团应该充分利用好养老市场需求的推动力和康养产业政策的拉动力，推出适合武汉市民需求的特色康养产品。

4.2 找准市场定位　优化产品结构

我国康养产业的政策出发点着重于保障全民基本的康养权利，并推动康养消费的普及化[18]。从长远来看，我国康养产业的发展目标是让全体民众享受更高质量的康养服务。当前国内典型"康养+地产"项目推出的康养产品多服务于高端用户，提供高端化的服务，对应收取较为高昂的产品和服务费用，因此存在客户群体较小、市场接受度较低的问题。因此，武汉城建集团在推出康养产品时，应以需求为导向，根据不同收入群体的实际需求，推出有差异化的养老产品，避免过度高端化造成结构性供给不足。

4.3 提高服务品质 注重人才培养

国内典型的"康养+地产"项目目前普遍存在服务品质不够高，市场吸引力不够大的问题，一方面是因为行业发展初期经验不足，另一方面则是缺少专业化的康养服务技术人才。因此，武汉城建集团在发展"康养+地产"业务时，要注重医养结合和产融结合，为老人提供健康诊疗、医疗保健、保险服务等一站式服务，搭建吃、住、用、行、娱、疗、医等完整的康养服务体系。同时也可以考虑进一步挖掘市场需求，如为阿尔茨海默病老人、出院康复期老人等提供专业化的康养服务，提升细分市场的占有率。在人才方面，应着重培育和构建以养老服务型人才为主要力量，并辅以市场推广型和信息技术型人才的多层次的人才队伍，提升养老服务的专业化和特色化。

4.4 科学项目选址 稳步推进运营

"康养+地产"作为一种提供高品质人居服务的项目，其发展的好坏在很大程度上会受到区位和周边环境因素的影响，因此项目选址需重点考虑区位交通、生态环境、医疗设施、周边人口等要素。武汉城建集团在进行"康养+地产"项目选址时，应充分考虑区域人口结构、区位交通、周边生态环境状况、相关医疗保障等配套设施是否健全等因素，在综合多种影响因素之后进行选址的科学评估。在康养地产项目推进的阶段，首开项目需根据市场需求优选核心产品，加大宣传力度，注重提高品牌知名度，在赢得良好市场声誉的同时能够占领较大的市场份额，减少风险性产品开发；后续大体量康养项目需稳妥布局，逐步推进，紧跟市场，根据市场行情和需求的变化不断调整产品规模和种类，避免决策风险。

第三部分 江城市场："康养+地产"前景广阔

第5章 武汉基本养老服务体系初步形成

近年来，武汉市认真落实"积极应对人口老龄化"国家战略，锚定"人人享有基本养老服务"的根本目标，坚持先行先试、勇于探索创新，着力在"顶层设计、设施布局、服务效能、要素支撑"等方面抓协调抓推进抓落实，具有武汉特色的"统筹城乡、兜牢底线、普惠均等"基本养老服务体系初步形成。养老兜底保障、发展普惠型养老服务、完善社区居家服务网络等工作成效明显，获国务院2021年督查激励[19]。

5.1 注重顶层设计，明晰基本养老服务内容

一是规划指引发展方向。将推动养老事业和养老产业协同发展纳入《武汉市国民经济和社会发展第十四个五年规划和2035年远景目标纲要》中予以保障实施。编制并实施了《武汉市公共服务"十四五"规划》《武汉市养老服务体系建设"十四五"规划》等，进一步明确了养老服务体系的总体目标、实施路径和主要任务等，争取在2025年实现基本养老服务体系全覆盖，并分阶段、分年度制定了具体指标任务。二是立法夯实服务基础。推动出台《武汉市养老服务条例》，整体布局武汉养老服务体系构架，明确政府提供基本养老服务的主体责任、服务清单、购买服务等内容，鼓励和支持社会力量通过多种方式提供基本养老服务。三是清单明确保障内容。制定印发《武汉市基本公共服务标准工作方案》，围绕"老有所养"设立了一批养老服务具体服务项目、内容和标准，按照社会经济发展要求适时调整完善。四是机制强化工作合力。市、区两级主要领导"挂帅"，成立养老服务体系建设领导小组。建立20余个部门参

与的养老服务部门联席会议制度，定期研判、统筹协调、集中解决基本养老服务体系推进中的重点、难点问题。同时，将基本养老服务纳入政府年度绩效目标考核，形成全市"一盘棋"工作格局。

5.2 优化设施布局，扩大基本养老服务覆盖

一是完善空间规划布局。编制《武汉市养老服务设施空间布局规划（2021—2035年）》并纳入城市"一张图"管理，分别从市、区、街道、社区四个层级保障养老服务设施的建设用地、用房，为打造武汉养老服务"骨干网"，实现基本养老服务全覆盖提供了有力支撑。二是建设"15分钟养老服务圈"。结合武汉市实际，针对不同层次的老年人基本需求，创造性地启动了区级养老中心、街道级养老综合体、社区级嵌入式养老服务网点等养老服务设施的建设，让老年人享受方便可及的基本养老服务。启动建设500张床位以上的综合性、示范性养老中心8个，建成具备机构照护、日间照料、上门服务等综合服务功能的街道养老服务综合体20个。全市1452个城市社区建成各类社区养老服务机构1534个，覆盖率达到100%，并以服务为线、连点成网，"15分钟养老服务圈"加速形成。三是加强兜底保障能力。持续开展农村福利院提档升级，每个新城区至少建成一家区域性中心福利院，采取对生活常用设施进行配置升级、提升护理型床位占比等措施，促进73家农村福利院整体设施"更新迭代"，解决农村老年人的照护服务需求。四是扩大高品质普惠性服务供给。作为全国首批城企联动普惠养老专项行动试点城市，武汉市出台37条政策支持扩大高品质普惠养老服务供给，通过"约定服务人群、约定服务价格"，让广大老年人享受价格可负担、质量有保障的养老服务。已实施普惠养老项目25个，新增普惠养老床位2000余张，经验做法在全国城企联动普惠养老专项行动现场会上交流推广。

5.3 增加服务效能，满足基本养老服务需求

一是数字赋能，统筹调动养老服务资源。搭建起市区一体的养老服务综合平台，并与公安、卫健、人社等部门实现了数据共享，建立了全市老年人基础信息、养老服务设施、服务商等10个信息数据库，汇成养老"大数据"、推进服务"数智化"。抓住人工智能养老社会实验试点契机，启动10个人工智能养老示范社区、5家人工智能养老示范机构试点，已扶持引导25家企业、投放83种智能养老产品参与人工智能养老社会实验，借助科技手段解决老年人监测、助急等基本服务需求。二是服务入户，提升居家社区基本养老服务能力。通过适老化改造、安装智能设施等方式，在家中为老年人提供24小时生命体征监护、生活照料、康复护理等类机构照料服务，既有效降低了照护成本，又满足了老年人居家养老意愿。近两年，累计发放特殊困难老年人服务补贴近6300.00万元，建设家庭养老床位5732张，提供居家养老上门服务达1.40万人，实施居家适老化改造5043户。三是贴合需求，精准实施基本服务项目。引导支持各类养老服务设施聚焦助餐、助医等老年人集中需求，合理设置服务项目。依托养老服务平台，整合签约各类养老服务资源，采取线上对接服务需求、线下上门提供服务，形成"虚实互通、家院互融"的养老服务网，将全市打造成一个没有围墙的养老院，实现"养老全方位、服务零距离"。截至目前，开展以助餐、助洁、助医和远程照护（三助一护）为主要内容的基本养老服务600万余人次。

5.4 强化要素保障，夯实基本养老服务基础

一是强化组织保障。组建市养老事业发展促进中心，明确为公益一类事业单位，新增人员编制20名，主要负责全市养老政策研究、咨询、行业标准化建设、完善老年人福利等工作。各区相应成立区级养老事业中心。二是加

大投入力度。通过养老设施建设、运营补贴和政府购买服务、连锁运营奖励等多种形式，帮助各类养老服务设施运营，保障基本养老服务供给，近三年来，市、区两级累计投入资金近20亿元。三是拓展政策覆盖范围。出台了关于推进养老服务高质量发展等30余份政策文件，为基本养老服务提供制度保障。进一步拓宽政策覆盖、提高保障标准，全市特困对象供养标准由每月2800.00元上调到3352.00元，特殊困难老年人养老服务补贴范围由经济困难的高龄、失能老年人拓展到90岁及以上老年人。四是加强人才队伍建设。出台《加强养老护理员队伍建设的实施意见》，健全保障激励机制，落实持证护理员500.00～5000.00元一次性奖励以及每月100.00～600.00元岗位补贴，全市2000多名养老护理员取得职业等级认定。连续3年举办养老职业技能大赛，多次在全国、省、市护理员技能大赛中获奖，累计开展各类养老护理员培训1381期、5万余人次，培训率100%。五是提升综合监管水平。建立部门联合监管机制，通过纳入养老服务平台监管、委托第三方机构等方式，对全市养老服务设施进行随机检查，推动监管常态化、协同化、精准化、全程化，全力保证基本养老服务质量和老年人安全。

第6章 武汉"康养+地产"市场潜力巨大

6.1 人口老龄化程度持续加深

近年来,武汉市老年人口呈逐年递增趋势,2012—2021年,武汉市60岁以上户籍总人口数从137.33万增长至198.95万。其中2012—2019年,老年人口增长平均速度保持在每年7.00万;从2014—2021年,老年人每年分别增加10.39万、7.75万、8.99万、6.10万、9.09万、6.31万、0.29万和4.42万,表明武汉市目前正处于一个老年人口迅速增长期。相伴随的是,武汉市老龄化程度持续加深,2021年年底,武汉市户籍总人口934.10万,60岁以上老年人占比超过了21.00%,达到了198.95万,老龄化程度较2012年增长4.58个百分点(图6.1)。

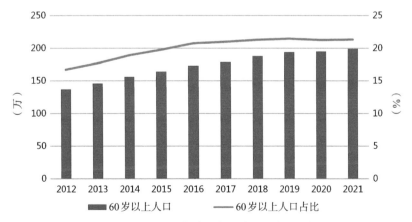

图6.1 2012—2021年武汉市60岁以上人口及占比

数据来源:《武汉统计年鉴》

从人口结构来看,武汉市80岁以上高龄老人人数在2016年之前增长迅速,2019年和2020年受疫情等因素影响,增速放缓,但整体看来,增长的趋势没有改变，由2012年的17.04万增长至2021年的27.29万，占全市户籍总人口比重由2012年的1.98%增长至2021年的2.92%，增长态势明显。其中，80岁以上的高龄老人占比均超过10.00%。由于高龄往往意味着空巢、失能、失智、多病，高龄人口的增长使得全社会老年人生活照料、医疗保障等问题突出（图6.2）。

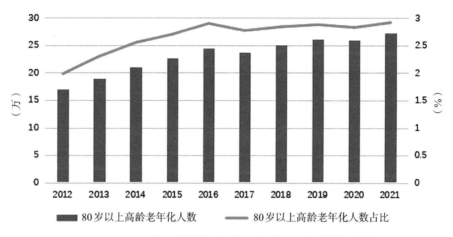

图6.2　2012—2021年武汉市80岁以上高龄老年化人数及其占比

数据来源：《武汉统计年鉴》

6.2 医疗保健支出显著上升

随着国民经济的持续快速发展，武汉市城镇常住居民家庭可支配收入逐年递增，由2010年的1733.86元/月·人增长到2020年的4196.83元/月·人，年均增长率为9.24%（图6.3）。

近年来，伴随着城镇居民收入水平和健康意识的稳步提高，居民对医疗健康方面的需求持续增长，医疗保健支出明显提高。2010年武汉市城镇常住居民家庭医疗保健支出为75.30元/月·人，占城镇常住居民家庭可支配收入6.24%，2020年医疗保健支出和占比分别为192.83元/月·人和7.44%。随着国民经济的不断发展、相关医疗产品的不断更新优化，居民的消费需求和消费能力也会进一步被激发，预期未来居民对医疗保健的需求也会持续增长，进一步给康养地产发展带来新的机遇（图6.4）。

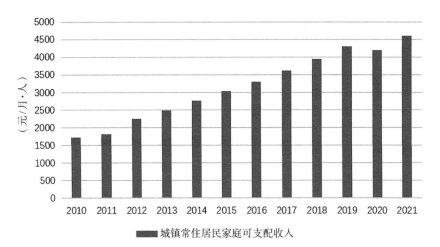

图 6.3　2012—2021 年城镇常住居民家庭可支配收入及增速

数据来源：《武汉统计年鉴》

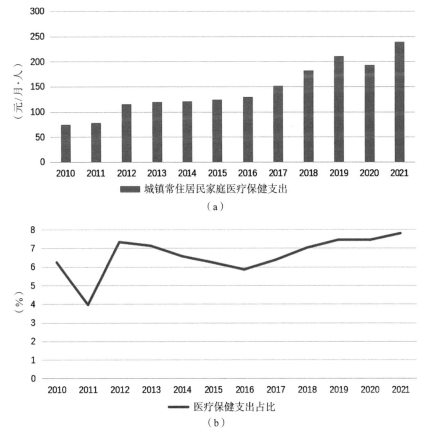

图 6.4　2010—2020 年城镇常住居民家庭医疗保健支出及占比

数据来源：《武汉统计年鉴》

6.3 老龄人口区域分布差异明显

从武汉市公安局提供的信息了解到，截至2019年11月30日，武汉市60岁以上的老年人口数为194.25万。有10个区的老年人口超过了10.00万，分别是武昌、黄陂、江岸、新洲、硚口、江汉、青山、汉阳、洪山、江夏。其中，老年人口最多的是武昌区，达到了24.89万；相反，东湖风景区的老年人口最少，仅为0.88万。

老龄化水平存在明显的区域差异，老龄化程度最高的是武昌区29.46%，最低的是东湖风景区9.58%，青山、硚口、江汉、江岸、汉阳、武昌、洪山、黄陂、新洲、江夏10个区的老龄化程度都超过了20.00%（图6.5）。

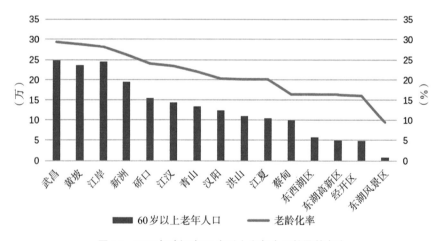

图6.5　2019年武汉市60岁以上老年人口数及其占比

数据来源：武汉市公安局

武汉市高龄老人数量较多，全市总计261167人。武昌、江岸、黄陂、新洲、硚口、青山6个区的高龄老人人数超过20000人，其中武昌区的高龄老人以40318人排在首位，而东湖风景区的高龄老人最少，仅为1271人。2019年武汉市80岁以上高龄老人分布见图6.6。

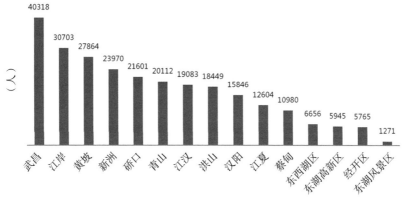

图6.6　2019年武汉市80岁以上高龄老人分布

数据来源：武汉市公安局

6.4 社会康养机构产品趋向高端化

通过盘点目前武汉市社会资本投资的康养项目发现，武汉市"康养+地产"产品趋向品牌化、高端化、多元化。从数量和分布来看，数量最多的是康养机构，主要布局在武汉核心板块，康养小镇和康养社区数量较少，且主要布局在远城区。从投资主体看，主要为房地产开发企业和保险机构。

6.4.1 文旅康养小镇

文旅康养小镇规模体量大，占地面积广，资金要求高，涵盖多种业务板块（文娱、康养、住宅等）。目前，武汉市文旅康养小镇数量较少，典型项目包括融创·首创国际智慧生态城、武汉甘露山文创城等。文旅康养小镇主要分布在非核心城区，距离主城核心板块较远，地价相对较低，交通条件好，通达性强，多位于风景区及有优势生态资源区域。项目主要盈利模式为持有型物业租赁收入+住宅销售。

6.4.2 康养机构

康养机构规模体量规模较小，普遍占地面积约15~30亩，床位约250~400张，主要聚焦于高净值客群，主打精品化、高端化康养服务。目前，武汉市社会投资康养机构数量较多，典型项目包括武汉远洋椿萱茂、武汉招商观颐之家、武汉悦年华·颐养中心、武汉泰康之家·楚园等。康养机构多位于主城核心板块，区位条件优越，配套成熟，周边医疗资源丰富。项目的开发商多为房地产企业和保险机构。主流的盈利模式为服务收入（月费＋保证金）/服务＋保险收入，月费水平在5000.00～20000.00元。

6.4.3 康养社区

康养社区普遍规模体量较大，占地面积约200亩以上，以人居为核心，汇聚商业、医疗、教育等配套。目前，武汉市康养社区数量较少，典型项目为金科·桃湖美镇、万科保利理想城市。康养社区距离主城核心板块较近，交通便利，自带医疗资源或康养中心，盈利模式主要通过住宅销售获取现金流，而康养服务作为核心的配套服务和公共资源来提供。

第7章　武汉"康养+地产"供给侧矛盾突出

7.1 区域供给不均衡

一方面，武汉市区级公办养老机构床位数量之间差异较大，社区养老服务设施各区分布差异也较为明显；另一方面，城区与城郊或农村之间供需差异较大，城区老年人口集中，公办养老机构床位紧缺，而城郊或乡村养老院却有大量空余床位，供需矛盾比较突出。武汉民政部门数据显示，截至2021年，武汉市拥有各类养老机构3112个，共可提供养老床位10.10万张，每百名老年人拥有养老床位5张以上。但受制于城乡差异、区域差异，中心城区养老服务供给严重不足，规模小且多以租赁为主，难以满足老年人的需求。

7.2 产品供需不匹配

目前武汉市的家庭养老和社区照料主要提供日常基本生活照料和简单家政服务，但更多的高龄老年人和自理性程度较低的老年人需要的是长时间的照料、陪伴式的康复护理、助餐助行，以及经常性的上门看病等服务，这些服务产品供给存在较大的缺口，使得社区养老机构的服务范围及内容与很多老年人需求存在脱节。社会资本投资的康养机构多聚焦于高消费人群，养老服务费用高，导致入住率较低，而一些普惠型的公办养老机构一床难求，难以满足老人们的养老需求。

7.3 医养结合程度较低

当前,武汉市康养机构的医养结合程度较低,存在明显的缺"医"少床现象。目前大的医疗机构主要精力和关注点都在常规性医疗服务上,加上医院本身医疗资源比较紧缺,对于增设老年病科和康复科勉强接受,但对新办护理院主动性和积极性不高。很多养老机构只是与医疗机构签订合同,并没有进行实质上的"联手合作"。这些医疗卫生机构为养老机构提供的医疗服务更多的是量血压、内外科简单体检、发放普通的药品,真正有医疗需求的老年人仍然需要去医院治疗,开通的"就医绿色通道"难以真正地落在实处。

7.4 空间宜居度不够好

就本质而言,"康养+地产"是供老年人栖息和生活的家园。老年人的衣食住行等日常活动主要围绕居住地展开。因此,住宅及社区环境的宜居性成为老年人选择居住地的重要考虑因素。住宅及社区环境的空间宜居性受到医疗水平的高低、购物消费的便利、交通往来的便捷、生活环境的舒适、空气质量的好坏等多方面因素的影响。受武汉市多中心发展的影响,武汉市"康养+地产"空间宜居度最高的地区分别位于武昌、汉口、汉阳的中心城区,分别向外面递减。而武汉市现有的"康养+地产"项目除了远洋椿萱茂、合众优年社区等少数几个位于三环内的市中心区域,大多选址较偏,存在相关配套设施不足以及空间宜居度不高的问题。

第四部分 转型探索：
武汉城建集团的
颐华之道

第8章　武汉城建集团 中国企业500强

武汉城市建设集团有限公司（以下简称"武汉城建集团"）是2020年经武汉市委、市政府批准，整合武汉地产集团、建工集团、商务区集团、园发公司、市工程咨询部、二零四九集团（现为设计咨询集团）、都市产业集团7家市属国有企业，组建成立的城市建设龙头企业，2023年位列中国企业500强第393位、武汉企业百强第12名。同时作为武汉市城市更新中心，致力于打造城市有机更新的综合服务商和示范引领者，赋能城市功能和城市品质提升（图8.1）。

图8.1　武汉城建集团总部

重组以来，武汉城建集团坚持市场化企业集团和政府功能性平台的定位，扎实推进重组、融合、改革，全力以赴抓经营、强管理、促发展，高质量发展取得阶段性成效。2020年，实现营收266.53亿元，利润24.75亿元。2021年，实现营收500.92亿元、同比增长87.94%，利润30.04亿元、同比增长21.37%，成功进入中国企业500强、排名第434位。2022年，实现营收580.81亿元、同比增长15.95%，实现利润33.04亿元、同比增长9.08%，排名中国企业500强第393位。2023年，实现营收641.14亿元、同比增长10.39%，预计在中国企业500强排名中将再进位。近三年，集团利润、实缴税费排名武汉市属企业第一，分别占武汉市属企业总量的31%、36%。

8.1 党建为舵 物理整合"零震荡"

2020年6月，中央全面深化改革委员会第十四次会议审议通过了《国企改革三年行动方案（2020—2022年）》，成为面向新发展阶段我国深化国有企业改革的纲领性文件。当年9月，武汉市启动新一轮国企改革，原有32家市属国企被整合至13家，解决了管理行政化、业务地产化、监管分散化的问题，力度之大、决心之强、速度之快，前所未见。其中，武汉地产集团、商务区集团、建工集团、园发公司、市工程咨询部、二零四九集团、都市产业集团7家企业重组成立武汉城建集团。新集团资产近3000亿元，拥有员工近万人，是重组企业数量最多、整合资源最多、涉及人员最多的武汉市属国企，也承载着为武汉国企改革闯关蹚路的重任。

自重组之日起，武汉城建集团在省委和市委的正确领导下，坚持以习近平新时代中国特色社会主义思想为指导，深入学习贯彻习近平总书记关于国资国企改革发展的重要论述，以开展党史学习教育为牵引，以庆祝中国共产党成立100周年为主线，统筹推进党的建设和生产经营，坚决扛起做大、做强、做优国有企业的政治责任（图8.2）。

一是坚持党对国企领导不动摇。健全"三重一大"议事决策机制，全面落实党建进章程、"双向进入、交叉任职"等要求，推进党的领导和公司治理深度融合，把党的政治优势、组织优势厚植为集团的竞争优势、发展优势。

二是坚持服务生产经营不偏离。集团党委狠抓"大学习、大调研、大改革、大攻坚、大整治"五件大事，通过统一认识、精准调度、持续推进、清单整改，把党的建设贯穿生产经营的各个环节，形成"做好党建促生产，生产提

图8.2 武汉城建集团举办"百年初心路·点亮城建红"庆祝建党100周年征文演讲比赛

升促党建"的良性循环。

三是坚持党组织对国企选人用人的领导和把关作用。集团党委大力推进干部育、选、管、用工作,通过实施"我是人才"计划、推进经理层任期制和契约化管理,发现、储备、起用了一批优秀人才,树立选人用人实干实绩鲜明导向,为集团加快发展、转型发展提供强有力的人才支撑。

四是坚持建强国企基层党组织不放松。结合"百年初心路·点亮城建红"党史学习教育品牌创建,大力整顿调整基层党组织,认真落实党组织书记"四级同述"工作要求,不断创新组织生活方式方法。通过"我为群众办实事"和推进"国企联村"行动,时刻保持与群众血肉联系,充分发挥基层党组织战斗堡垒作用和党员先锋模范作用。

一系列举措使武汉城建集团实现了整合重组"零震荡"——无业绩滑坡、无裁员降薪、无上访投诉,做到了思想稳、人心稳、队伍稳、工作稳、发展稳。

8.2 改革为擎 一张产业蓝图统揽全局

高效完成"物理整合"后,武汉城建集团聚焦产业架构、市场开拓、体制机制、人事薪酬等方面,大刀阔斧改革,打出一套"组合拳"。其中,产业如何布局,是关系改革成败的关键。重组前,原7家国有企业下辖子公司20余家,业务范围涵盖房地产开发、工程建设、设计咨询、资本运营等诸多领域。不少企业产业相近,业务相似甚至相同,经济效益各有差异。

重组后,武汉城建集团坚持规划引领,围绕争当武汉城市建设的"王牌军"、城市功能提升的贡献者、市属国企转型的引领者、市民美好生活的创造者,这"一军三者"目标,按照"战略性重组、专业化整合"的原则,构建了"3+4+X"的现代产业体系,"3"即综合开发、建筑施工、城市建设三大主业,"4"是资产运营、设计咨询、城市服务、资本运作四大支撑产业,"X"是新能源、新材料等新兴产业(图8.3)。

图8.3 武汉城建集团"3+4+X"产业体系

为保障产业规划落地实施,武汉城建集团重新搭建了管控架构,对主业板块企业实行运营管控,对其他板块实行战略管控,建立了"逐级管理、逐层负责"的管控体系,并配套完善了权责体系和管理制度,促进资源向主业集中。比如,综合开发板块,整合原8家开发公司,组建新地产集团;建筑施工板块,将建开总承包、新兴建材、绿缘科技划转至建工集团;物业服务板块,组建城市服务集团,统筹管理7家物业公司;整合市政施工资源,成立城建建设公司。

8.3 管理为要"化学反应"激活全产业链

改革重组后,武汉城建集团的业务布局更广、专业资质更多、资源储备更足、发展质效更优,现已形成"前期策划咨询、规划设计,中期投资开发、工程建设,后期服务运营"的完整产业链,具备全过程工程咨询、EPC工程总承包等项目全生命周期管理实力,为超大城市建设提供一揽子解决方案和一站式综合开发运营服务。进入新发展阶段,全产业链协同发展成为武汉城建集团开启新局的有力武器和转型跨越的主要优势。

在城市建设领域,武汉城建集团加挂武汉市城市更新中心牌子,形成"市城市更新工作领导小组—市城市更新中心—市城市更新投资有限公司"三级管理运行模式(图8.4)。以市城市更新投资有限公司为依托,按照"市区联合、以区为主"的原则,创新城市更新新型投资合作模式,实施和推进绍兴片、古四片、利北社区、鲁磨路等多个更新项目,累计完成更新投资370多亿元。

图8.4 2020年7月31日,武汉市城市更新中心在武汉城建集团正式揭牌成立

在综合开发板块,武汉城建集团所属武汉地产集团深耕武汉市场,引进瑞安、招商、万科等行业头部企业,加大在武汉的投资力度,近三年在武汉投资拿地35宗、土地投资565亿元,占全市成交总额的15.8%。坚持把高品质理念贯穿规划、设计、建造、销售和物业服务全过程,高品质打造长江天地、中央

云城、明镜台、云栖湖岸等项目，统一"武汉城建"品牌形象，赢得良好的市场反响。大力实施"走出去"发展战略，相继成立华东、华南两大区域公司，拓展了南京、宁波、苏州、广州、佛山、东莞等长三角、大湾区重点城市的优质地块，带动建筑施工板块合同额大幅增长。重组以来，集团全口径、权益口径商品房销售额连续三年位居武汉房地产市场第一，排名2023年中国房地产综合实力百强第26位。

在建筑施工板块，武汉城建集团坚持政府功能性平台定位，充分发挥城建主力军作用，重组以来累计完成城建投资超过900亿元，年均增长近30%。投资增长率、综合完成率排名市级平台前列，投资建设了武汉开发区、东湖高新区、武汉中央商务区等多个国家级开发区和现代服务业中心，匠心铸就了世界级东湖绿道、武汉园博园、东沙湖连通工程等生态建设项目以及东湖宾馆改造、国家网安基地、德国武汉园等多个国内外知名项目，累计荣获鲁班奖、詹天佑奖、广厦奖等国家级奖项300余项，规划卓越奖等国际奖项20余项。所属武汉建工集团是全国工程质量管理优秀企业，入选国务院国资委国企改革"双百企业"，被评为湖北省唯一一家"双百企业"三项制度改革A类企业，连续两年在国务院国资委"双百企业"评估中获评"优秀企业"（图8.5）。

在资产运营、设计咨询、城市服务、资本运作四大支撑板块，武汉城建集团同样亮点纷呈，业绩全线"飘红"。资产运营板块，可经营性商业资产出租

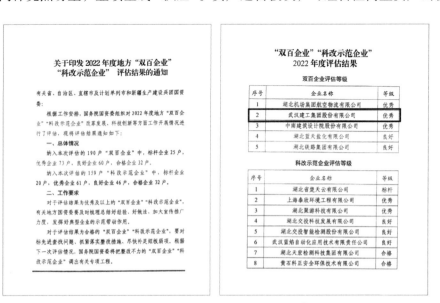

图8.5　武汉城建集团获评"双百企业""科改示范企业"

率近90%，园博园成功创建国家4A级旅游景区，甘露山文旅城商业街开业，雪世界、中法生态小镇水世界等文旅项目正在加快建设。设计咨询板块，设计咨询集团排名中国工程设计企业60强第55位，2023年入选国务院国资委"科改企业"，工程咨询部位列全国工程咨询行业智库型单位影响力30强第23位，累计获得各类设计咨询奖150多项，江水源能源站项目入选全国可再生能源供暖典型案例。城市服务板块，城市服务集团连续七年荣膺"中国物业服务百强企业"，排名第51位。资本运作板块，组建城建资本公司和保理公司，成功获批商业保理牌照，依托产业链发展供应链金融和资本运营业务。

在新兴产业板块，武汉城建集团重点围绕数字经济、新能源、新材料、生态治理等产业业态精准发力。组建了建工智能、建工数智、仿真科技公司，积极拓展信息化管理、数字建造和城市体检等新业务。与中石化合作开发江水源新能源利用，打造的江水源能源站项目入选全国可再生能源供暖典型案例，共同开展综合加油加气站建设。建工集团成为全省智能建造试点，人防公司新材料自动化生产线投产。资产运营集团、设计咨询集团等积极参与土壤治理、水环境治理、生态环境综合治理等生态领域工程，认真做好"生态+"的文章。

8.4 人才为核 打破常规锤炼队伍

企业要发展，人才是最重要的支撑。武汉城建集团大胆推行内部"去行政化"，变"管身份"为"管岗位"，形成以岗位管理为主、职级管理为辅的岗位职级管理制度。在职级与岗位分离的模式下，武汉城建集团将一批有能力、责任心强但职级较低的人才选用到高一层级的岗位上。

武汉城建集团创新开展"我是人才"青年领军人才、拔尖人才选拔，12名30岁左右的优秀年轻骨干成为第一批领军人才，选拔为集团中层副职，派驻到外地项目、重要岗位或一线锻炼，同时建立导师帮带制，对青年领军人才实行"两对一"传帮带；18名28岁左右符合条件的年轻员工经过能力测试、评议面试、个别访谈、素质评价和综合评定，被选拔为青年拔尖人才。加快青年人才培养，选拔首批城建生95名。坚持市场化的人员引进方式，对于经营发展需要的专业人才，通过校招、社招等方式公开招录，并且严格选人用人的标准。

武汉城建集团坚持效益导向和贡献导向，建立成员公司工资总额与经济效益联动机制，根据经济效益、劳动生产率、人工成本投入产出率和贡献度等指标，实行工资总额动态管理。积极推行职业经理人和管理人员竞聘上岗，优化工资总额分配制度，成员公司负责人工资总额由集团统一打通直管，员工绩效薪酬总额与公司年度考核挂钩、浮动兑现。积极推进职工薪酬制度改革，建立"固定+浮动"的薪酬结构，根据岗位贡献、工作业绩调整薪酬水平，实现薪酬能高能低。在市场充分竞争的综合开发板块，积极推行内部市场化比选机制和风险抵押金制度，强化全周期考核，将开发项目可研指标写进目标考核责任书，由企业领导班子、项目团队签订责任书并交付风险抵押金，将个人薪酬与项目效益深度捆绑，充分调动干部职工主动性。建筑施工、园林生态和设计咨询等板块均已实行项目制管理、灵活用工制度。

这一系列改革举措，在武汉城建集团内部形成了管理人员能上能下、职工能进能出、收入能增能减的市场化经营机制，充分激发管理人员和骨干员工干事创业的积极性、主动性、创造性，为企业快速发展提供了源源不断的人才动力。

8.5 创新为魂 赋能企业高质量发展

创新是民族进步之魂，科技是国家强盛之基。武汉城建集团坚持将创新作为引领发展的第一动力，大力推进科技创新，赋能企业高质量发展。

武汉城建集团按照精简高效原则，不断创新管理体系，精简城服集团等12家单位的内设机构，完成16家企业管理层级压缩，优化投资、设计、营销等条线的管控体系，进一步提高管理效率。坚持业绩导向，创新分配机制，企业负责人和员工绩效薪酬与企业年度考核挂钩、浮动兑现，不断提高劳动生产效率。

武汉城建集团持续加大创新投入力度，近三年研发投入强度持续排名市属企业第一。以互联网思维搭建全国首个房地产供应链平台——安居链，以新模式建设筑梦社区，积极开展适老化改造、危旧改等试点。大力推进科技创新，主编、参编行业标准和技术规程100余项，取得各类专利600余件，荣获国家、省市级科技类、设计类奖项200余项（图8.6），拥有国家高新技术企业22家，22家公司被评为全省"专精特新"企业、创新型企业，建工股份公司获评"国家知识产权优势企业"，建工集团获批省博士后创新实践基地和省工程研究中心，设计咨询集团与市规划局共建部级重点实验室——仿真实验室（图8.6）。

图8.6　武汉城建集团所属武汉建工集团《基于标准化和信息化的工程质量管理模式研究及应用》获华夏建设科学技术奖三等奖（国家级）

武汉城建集团全面推进国企数字化建设，坚持系统规划、统一标准、条块结合、分步实施的原则，构建中台+微服务"1+N"的管理平台，综合开发、建筑施工等板块和财务、成本、招标采购、人力资源等条线信息化系统已上线运行，有效促进了信息互通、资源共享、管理协同、效率提升。

8.6　初心为楫 践行使命彰显国企担当

武汉城建集团作为武汉城市建设领域的主力军，始终牢记初心使命，带头履行社会责任，在急难险重的任务中彰显"铁军精神"。

图8.7　武汉城建集团召开"对标一流、推进高质量发展"行动工作部署会

2019年疫情发生后,武汉城建集团向战而行,夺取了下沉社区保卫战等数战全胜,充分彰显了城建力量,创造了武汉奇迹。在2021年全国、省市抗击疫情表彰中,武汉城建集团共荣获23项荣誉。

面对疫情影响,武汉城建集团积极为中小企业纾困解困,带动1000余家中小企业复工复产、稳定发展,累计减免租金、投入帮扶资金3.00亿元。承担450.00万平方米保障性住房建设任务,完成华中最大棚户区——青山棚户区改造任务。"国企联村"带动5个片区村集体增收超1500.00万元,新增就业500余人。

立足新起点,扬帆新征程。城建集团正大力开展"对标一流、推进高质量发展"行动(图8.7),坚持市场化发展方向,深化体制机制创新,不断提高生产经营能力,持续提升产品和服务品质,加快向城市综合运营服务商转型,力争"十四五"末高质量发展取得显著成效、中国企业500强排名大幅进位,为武汉在湖北建设全国构建新发展格局先行区中当先锋、打头阵、担当主力军贡献城建力量。

第9章 "颐华之道"打造武汉康养生活新样板

9.1 武汉城建集团SWOT分析

9.1.1 优势（Strengths）

1. 武汉经济基础好，养老市场需求大

武汉市是我国重要的制造业基地，拥有一大批汽车、钢铁、化工、电子等产业，是我国中部地区唯一的国家中心城市，2022年经济总量位列全国城市第八位。武汉市的金融、保险、服务等行业发展程度较高，可以为养老产品提供足够的支撑。2022年，武汉市常住人口达到了近1400万，其中户籍人口944万，老年人口（60岁以上）占户籍人口的比例将近四分之一，庞大的老年群体孕育了庞大的养老市场。

2. 老年人更加注重生活品质提升

武汉市作为新一线城市，相较于三四线城市或者农村地区，老年人有较为充足的储蓄，其养老观念逐渐从与传统的与子女同住的居家养老向社区养老和机构养老转变。并且随着生活水平的提高，老年人在饮食、医疗、社交、健身、娱乐等方面有更高的追求，更加注重高品质的老年生活。

3. 武汉城建集团的全产业链优势

武汉城建集团作为武汉市的城建建设龙头企业，形成了以"综合开发、建筑施工、城市建设"为主导，以"资产运营、设计咨询、城市服务、资本运作"为支撑，协同发展新能源新材料等新兴业务的"3+4+X"现代产业体系，具备"前期策划咨询、规划设计，中期投资开发、工程建设，后期服务运营"的完整产业链，拥有强大的建设能力、融资能力、运营能力和品牌知名度，可以保障"康养+地产"项目的顺利推进。

9.1.2 劣势（Weaknesses）

1. 产业资源整合难度大

康养地产产业链涉及房地产、医疗、保险、金融、餐饮、旅游、保健等多个行业，目前武汉市康养地产还处于发展初期，产业链尚不完整，对于一个地产开发商而言，协调医疗机构、餐饮机构、保健公司、金融和保险机构、老年大学等各个主体之间的关系并不容易，社会资源整合较为困难。

2. 武汉城建集团产业结构有待调整

在武汉城建集团的产业结构中，传统产业占比较高，发展不平衡。集团建筑施工业务营收在总营收中的占比超过六成，房地产开发业务利润在总利润中占比超过八成。在国家"房住不炒"的政策调控下，房地产行业下行压力增加，集团发展面临结构性风险。而集团向"康养+地产"拓展，相关的医疗、保健、文旅产业资源未来还需进一步优化整合，产业之间协同机制还需进一步强化。

9.1.3 机会（Opportunities）

1. 康养产业正处于政策红利期

随着20世纪末我国开始步入老龄化社会，国家和地方陆续出台了多项政策促进康养产业发展，保障老年人的生活。党的二十大明确提出要实施积极应对人口老龄化国家战略，各地积极响应国家的政策号召，一方面加强对老年人权益的保护；另一方面积极采取各种措施，推动养老产业的发展，努力提升老年人的幸福感和获得感。武汉市通过制定规划、立法保障、政策清单等多种方式，大力提升基本养老设施供给能力，促进医养融合发展，推进养老服务提质增效，为康养产业发展奠定了基础。

2. "康养+地产"市场发展潜力大

一线城市较早就引入了"康养+地产"，近年来以保利、泰康等为代表的龙头企业以及社会资本涌入康养地产行业，大力开拓市场。这些企业开发的"康养+地产"项目一经推出，就受到了城市及周边老人的青睐，"康养+地产"在人口老龄化程度较高的大城市发展潜力巨大。这些项目也为武汉城建集团进军"康养+地产"提供了可供借鉴的宝贵经验。

9.1.4 挑战（Threats）

"康养+地产"是一个新兴产业，企业的经营理念、管理模式、产业资源、人才团队等因素都直接影响项目开发和运营的成败。武汉市"康养+地产"虽然尚处在起步阶段，但已经拥有远洋、合众、万科等龙头企业布局多个项目，未来还有不少社会资本正在筹备进入这个新兴市场领域，对武汉城建集团拓展"康养+地产"将形成一定的竞争压力。

9.2 "颐华之道"产品体系总体规划

9.2.1 定位与愿景

根据前文对武汉市"康养+地产"的需求分析以及武汉市内外几个典型的"康养+地产"项目的分析总结，武汉城建集团"康养+地产"产品应定位为城市健康生活服务商。以"服务"为基石，以"需求"为动力，以"人本"为核心，聚焦"康养住区""康养综合体""社区康养服务中心"三大产品板块，通过构建集产品规划、建设、运营等多维一体的良性生态圈，为全社会提供覆盖全年龄段老人、涵盖全链条的健康服务，最终将打造武汉城建集团"康养+地产"产品为全场景开放性康养平台、长者健康生活新样板。

通过"康养+地产"产品开发，一方面能利用集团现有闲置资源，进行康养产品运营，优化资源利用水平，减少空置率；另一方面能响应武汉市城市更新政策，基于社区嵌入式养老，打造城镇老旧小区改造亮点，完善武汉市"最后一公里"养老服务体系，通过前期精准谋划，节约资源，避免后期因社区养老布局而产生的大拆大建现象，打造社区—居家全方位服务体系。

9.2.2 业务地图

基于"康养住区+康养综合体+社区康养服务中心"三大产品板块，依托武汉市场，逐步推进全国重点城市业务布局。

1. 主打产品

"康养住区""康养综合体""社区康养服务中心"三个养老产品。

2. 业务范围

武汉城建集团作为武汉城市建设的"王牌军",凭借优质的产品品质、满意的客户体验、贴心的物业服务,在武汉市享有强大的品牌号召力。武汉城建集团"康养+地产"产品应基于武汉城建集团在武汉市良好的用户基础,立足武汉优势市场,打造康养地产示范标杆产品,继而快速复制,向湖北省内其他城市以及粤港澳、长三角、川渝等重点城市群重点城市拓展业务版图(图9.1)。

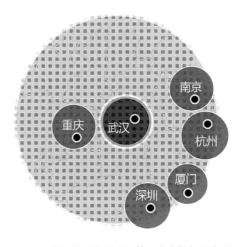

图9.1 武汉城建集团"康养+地产"产品地图

3. 业务体系

坚持"政策导向"和"市场运作"相结合,加快构建结构合理、规模适度、高标准、优服务的"康养+地产"产品。提供"康养地产+康养技术+康养服务"三大板块功能,结合武汉城建集团地产主业,通过康养技术、智慧服务等加持,实现三位一体协同发展(图9.2)。

9.2.3 品牌构建

武汉城建集团"康养+地产"产品围绕"颐华"这一主题。

"颐"取自明朝何景明的《述归赋》:"终养恬以颐年兮,厌予心之所谌",有"保养、安养"之意。"华"取自宋朝陆游的《小径登东山缭行自西北至溪上》:"谁道老人多感慨,未妨尊酒乐年华",有"繁盛、时光"之意。

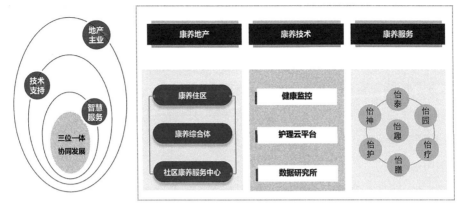

图9.2 武汉城建集团"康养+地产"产品业务体系

通过塑造"颐华"作为"康养+地产"产品品牌,期望能为每位长者创造幸福的老年生活。

"颐华"的品牌使命在于:"致力亲情呵护,让城市更有温度"。

"颐华"的品牌核心价值观在于:"自然、陪伴、和谐、优雅、健康"。

"颐华"的产品体系包括:颐华·嘉园(康养住区)、颐华年(康养综合体)、颐华之家(社区康养服务中心)。

9.2.4 服务体系

"颐华"通过搭建集"怡神、怡泰、怡护、怡疗、怡趣、怡园、怡膳"为一体的康养服务体系,为长者提供有尊严、高品质的美好生活(图9.3)。

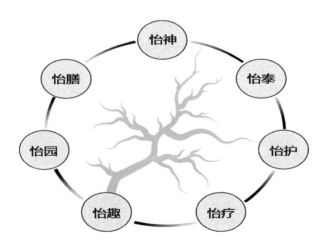

图9.3 武汉城建集团"康养+地产"产品服务体系

怡神：为长者提供心灵疗养服务，适时适度进行心理疏导，开展长者心理调适。

怡泰：满足长者高品质生活，为其提供日常穿衣、用餐、洗浴、给药管理等服务，使其能有尊严地生活；搭建颐华智慧平台，建立电子健康档案，进行实时健康监控和数据管理，通过智能平台为长者更好地提供服务保障。

怡护：提供人本护理服务，有专业团队、专业服务人员为长者提供24小时照护服务。

怡疗：开设医务室，设立专职医生坐诊，主要开设内科和中医科，内科主要为一些感冒、发烧、头痛的长者提供一些基础性的治疗；中医科则采用传统的中医经络疗法，为长者进行慢性病调理和治疗；建立绿色就医通道，与知名医院合作，打造半小时就医快速路，保障长者及时就医。

怡趣：为长者提供丰富的文娱活动，包括医疗保健类健康活动、音乐书画等文娱活动、园艺体验等实践活动。

怡园：尊重长者生活习惯和偏好，在功能布局上合理规划设置各功能区，注重设置宽敞的活动场所和公共空间，强调适老化设计，充分考虑到舒适性和安全性，保证长者轻松安全进行活动参与。

怡膳：为长者提供营养餐饮，邀请专业营养师拟定健康养生食谱，针对特殊需求的长者提供定制化餐饮。

9.3 "颐华之道"产品体系开发策略

武汉城建集团"康养+地产"产品在近期应以武汉为样板区，根据不同的客户定位和需求，打造1个颐华·嘉园（康养住区）、3个颐华年（康养综合体）、N个颐华之家（社区康养服务中心），覆盖全年龄段老人需要，帮助长者们实现老有所医、老有所养、老有所学、老有所乐。其中，颐华·嘉园（康养住区）和颐华年（康养综合体）面向有集中养老需求的中高端自费客户，主要表现形式为社区养老和机构养老；颐华之家（社区康养服务中心）面向大众，是为了满足社区及街道养老需求的普惠性养老模式，主要表现为居家养老。通过打造的这三种养老产品，做到全年龄段老人的全覆盖，满足各类消费群体的老人相对应的养老需求。

9.3.1 颐华·嘉园（康养住区）

1.总体定位

颐华·嘉园旨在打造一个全龄宜心颐养理想住区。

作为城建集团旗下全生命周期复合型康养住区品牌，颐华·嘉园以康养、养心为主题，融合了健康、养生、养老、休闲等多元化功能，为全年龄客群打造慢时光中的养身养心优雅生活。

2.项目选址

（1）选址条件

康养地产项目的选址应充分考虑政治因素、经济因素、环境因素、生活因素、交通因素等内容[20]。颐华·嘉园旨在为全年龄段客群打造一个配套完善、风景优美的康养住区，因此在选址上应尽量选取交通便利、生态优越、具备一定医疗资源和可开发净地的区域。

①区位：由于武汉市核心城区用地紧张，考虑到康养住区所需土地面积大，建议选址在靠近核心城区的远城区。一方面靠近核心城区，人口导入潜力大，区位认同感强，通过康养住区打造舒适健康的生活环境，能较快提升产品溢价；另一方面，远城区土地价格较核心城区更为低廉，对资金要求相对较低，成本相对可控。

②交通：具有方便快捷的外部交通，周边设置地铁站和公交车站，项目周边至少与两条城市干道相邻，最好位于两条城市主干道路的交会处，道路交通条件较好，堵车等交通状况发生概率低。

③资源：具有独特的、难以复制的自然、生态、文化、景观、民俗等资源，具有一定资源壁垒，难以快速复制，保证项目在较长时间内的独特性和吸引力。

④医疗保障：考虑到入住长者具有康复、养老、护理等方面的需求，康养住区选址需尽量靠近三甲医院，路程小于半小时。此外，在住区内部设置符合需求规模的医护站，导入和构建优质、综合性的医疗健康服务体系，设置小综合、大专科，完善医疗急救服务、康养保健服务等。

⑤土地规模：康养住区建设规模大，需进行大量公共配套设施建设，因此需要有充足的土地供给作为保障。此外，考虑到项目建设的整体性和布局的一致性，尽量使用整块的土地进行建设，避免因地块的破碎给项目带来的割裂感。

（2）选址建议

通过盘点城建集团现有资源，结合当前武汉市城市规划相关政策，建议选址如下：

①武汉甘露山文创城

武汉甘露山文创城由武汉城建集团与融创集团合作开发，体量约560.00万平方米，拟打造一个以雪世界、水世界、特色水镇商街等为特色的大型文旅项目。甘露山文创城位于黄陂前川滠水河东岸，水资源丰富，自然条件优越；通过地铁7号线与武汉主城区紧密相连，通过长江新城高铁站通达全国，区位优势明显，交通便利。

武汉甘露山文创城作为大型文旅项目，在发展"大社区+康养组团"上具有优越的基础条件，当人口导入、社区打造、配套建设等方面较为完善时开发颐华·嘉园，能够充分利用各种外部性资源，提升项目发展活力，规避传统养老社区的不足。同时，甘露山文创城自身规划有生态休养片区，通过打造颐华·嘉园，能够呼应康养板块建设内容，丰富产品体系，最大限度地利用好拟建医院资源。此外，项目建设也能响应政府对于养老产业的政策导向，塑造武汉市康养住区标杆，提高政府满意度。

②汉阳大健康产业发展区

为有效提高大健康产业的集聚度和发展水平，武汉市印发《武汉市大健康产业发展规划（2019—2035年）》，提出要建设包括汉阳大健康产业开发区在内的"一城一园三区"发展新格局。

2021年6月，武汉市政府印发《武汉市建设国际消费中心城市实施方案》，提出要依托"一城一园三区"布局内的产业园和医疗中心，拟建设医美整形产业融合综合示范区，形成产业集聚，建设6个康养小镇。

汉阳大健康产业发展区内嵌龙阳湖、墨水湖两大湖泊，生态环境优越；筹备建设泰康同济（武汉）医院，医疗资源丰富；周边规划发展高端国际医疗、健康会展、个性诊疗、健康金融等医疗配套服务，产业方向匹配。通过对比区位、周边产业、规划条件，建议颐华·嘉园选址汉阳大健康产业发展区（图9.4）。

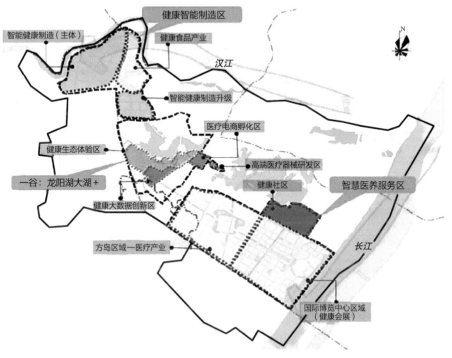

图9.4 汉阳大健康产业发展区空间布局图

3. 功能体系

颐华·嘉园拟打造成为一个全龄活力养老住区，涵盖健康住宅、颐养休闲中心、文化活动中心、健康商业街等功能体系。

（1）健康住宅

根据马斯洛的需求层次理论，人们的需求由低到高分为不同的层次，满足了低层次的需求之后会产生高层次的需求，所以康养地产要顺应老年人的新期待、新需求，不仅实现老年人物质满足，还要实现精神满足[21]。健康住宅是在满足居住功能等基本需求的基础上，提供更加健康、舒适、安全的环境、设施和服务，满足居住者在精神和社会层面上多方面的需求。

在房间设计上，坚持"以老年人为本"的设计理念，充分考虑老年人的身体条件，入户门厅充分考虑老年人的身体特性，满足老年人撑扶、开关灯、换鞋、乘坐轮椅等行为的空间需求；餐客厅预留足够的轮椅行经空间，采取地面无高差设计；卧房应加装紧急呼救装置，在床边采取防护措施，设置床边护栏、护理床等，避免老人意外跌落；卫生间进行干湿分区，避免地面积水，安装扶手辅助老人通行[22]。

在公共空间设置上，避开噪声源，做好隔声措施；铺装防滑材料，安装无障碍电梯和廊道；墙面安装连续扶手，辅助老年人通过；利用敞开空间打造字画区、长者工坊展览馆、棋牌区等满足老人交往需求。

（2）颐养休闲中心

颐养休闲中心，布局在健康住宅中心区域，能够与周边建筑通达衔接，快速满足社区老年人日常活动需求。

颐养休闲中心设置有阳光餐厅、图书报刊阅览室、多功能厅、健身房、棋牌室、茶吧、健康管理中心、日间照料室等，是一个专为长者营造的养老配套集群。

（3）文化活动中心

文化活动中心包括户外休闲空间和文体活动空间。户外休闲空间主要利用户外场所，加强园林绿化养护管理，建设街角公园、户外运动场、休闲草坪等，满足居民休憩、休闲、运动等方面需求。文体活动空间主要服务于全年龄人群，建设图书馆、多功能室、室内运动场等，打造一体化休闲娱乐场所。

（4）健康商业街

健康商业街将商业与文化、健康、教育、休闲娱乐等多个产业进行跨界融合，构建一个融合了游憩、休闲、成长、健康管理等多种元素的综合性商业体验平台。主打板块为舒养体验场和养生食膳坊。舒养体验场主要引入水疗SPA馆、瑜伽馆、针灸理疗室等康养商业；养生食膳坊则引入药膳馆、养生汤坊等，从休闲体验和餐饮保健方面打造康养新风尚。

4. 服务内容

颐华·嘉园由武汉城建集团下属物业公司自营，针对全年龄段客群，侧重于健康长者，除产品设计与硬件上进行适老化改造外，更加注重服务功能。

颐华·嘉园服务体系围绕居民的生活、生理、幸福、健康、价值等需求，从入住人群的身、心、灵全方位角度出发，构建"防、诊、养、健、文、食、娱、居"八位一体的全龄智慧康养服务体系，提供包括健康管理、智慧小区、舒适生活三大项30余小项的服务内容（图9.5）。

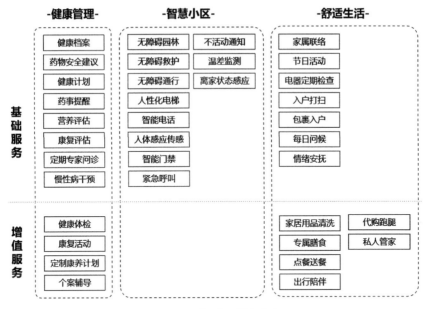

图9.5 颐华·嘉园服务内容

5. 开发模式

颐华·嘉园为康养住区，投资相对较大、规划难度较高，因此建议采取EPC+OEF模式，即工程总承包+经营+经济+融资模式。成立联合体，联合体成员包括策划方、建设方（总承包商）、运营方、融资方等，通过一体化的建设与运营谋划，能够有效联动建设方、运营方、融资方的优势，快速实现项目落地运营。

颐华·嘉园由策划方进行前期策划，确定开发时序、开发规模、规划指标、产品设计等，融资方提供项目资金；建设方（武汉城建集团）开发建设、实现产品交付；运营方提供后续运营服务。考虑到康养业态对于服务水平、服务标准、服务内容等要求较高，建议设置专门的康养物业公司（颐华东方健康管理公司）提供服务，即颐华东方健康管理公司为颐养中心和文体活动中心提供康养服务，城市服务集团为商业部分提供物业服务（图9.6）。

6. 运营模式

考虑项目土地性质及武汉城建集团重资产开发+轻资产运营兼备的实力，采用使用权出售+服务自营模式，获取多重收益。

针对颐华·嘉园四大功能体系，采取差异化模式。健康住宅主要通过销售模式出售房屋产权，快速获得收益；颐养休闲中心主要服务于长者客群，通过向服务长者收取基础服务费和增值服务费方式获取持续性收益；文化活动中心和健康商业街由运营方提供服务，通过租赁门面和场地，向入驻商家收取租金和物业服务费（图9.7）。

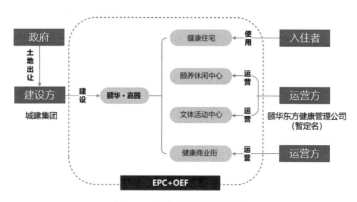

图9.6　颐华·嘉园开发模式

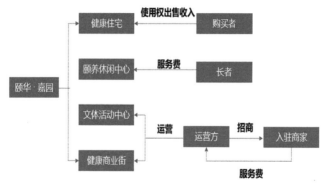

图9.7　颐华·嘉园盈利模式

9.3.2 颐华年（康养综合体）

1. 总体定位

颐华年旨在打造一个服务于老年客群的高端城市康养综合体。

作为武汉城建集团旗下高品质康养服务机构品牌，颐华年以长者的需求为核心，主打"亲情化""专业化""个性化"服务，满足长者"食、住、行、医、养、康、乐"等需求，从而构建"医养结合型"长者颐养中心。

2. 项目选址

（1）选址条件

颐华年定位为高端康养综合体，主要聚焦于高净值老年客群，在选址上应尽量选取区位优越、生活便捷、距离优质医疗资源较近的区域。

区位条件：建议选址在核心城区繁华地段，交通便利、配套完善，便于打造"临近医疗、亲近子女、更近人间烟火"的高品质养老综合体，只需"一碗汤的距离"，老年人不仅能够享受康养机构提供的独立的生活空间、优质的照护服务，而且适宜的距离能够方便地接待子女、朋友的日常探访，让老人在离家的同时感受到家的温暖，延续有烟火气息的城市生活。

生活配套：社区卫生服务中心等可以满足老年人日常保健、常见病、多发病、慢性病护理的医疗机构应该在周边1公里内或步行15分钟内可以到达；并且1公里范围内拥有至少1个商业服务设施（如商场、菜市场、超市、餐馆、银行网点等）。

生态环境：周围1公里或步行15分钟内，至少有1处公共绿地、公园或老年人文化活动设施，供老年人进行休闲活动、体育运动；而且要保障在此区域内，没有污染源、噪声源以及易燃、易爆、危险品生产、储存及运输[23]。

医疗资源：5公里或15分钟车程内有能够满足急诊和急危重症医疗救治的医院或急救机构。

（2）选址建议

通过梳理武汉城建集团现有资源可知，目前存量商业资产较多，但有部分优质资产处于闲置或者租金较低的状态，可加以改造成高端康养综合体，一方面利用优质资产，提高资源投资利用效率；另一方面也能完善周边配套，提升住宅产品的附加值。结合项目面积、区位交通、医疗生活配套、公共空间等选址要求，考虑将部分资产改建为高端城市康养综合体。颐华年拟选址信息见表9.1。

颐华年拟选址信息 表9.1

序号	地区	项目名称	资产名称	状态	类型	项目建筑面积（平方米）	拟用建筑面积（平方米）
1	江岸区	新宇大厦	新宇大厦办公楼一～十四层	出租	办公楼	10785.30	10785.30
2	江汉区	财神广场	武汉建工大楼三～十层的Z-1室及五层Z2、五层Z3室	空置	办公楼	16639.52	15000.00
3	江岸区	都市产业大厦	都市产业大厦	出租	办公楼	28383.92	20000.00

3.功能体系

颐华年规划建筑面积1.00万~2.00万平方米,床位数约200~350张,包含自理区、照护区和公共服务区。

自理区主要服务于有自理能力的活力型长者,床位占比约40.00%,即80~140间,主打户型为单人间、双人间、套间等。

照护区主要服务于缺乏自理能力的需外界照护的长者,床位占比约60.00%,即120~210间,主打户型为单人间和套间。

公共服务区主要设置康养训练中心、长者学院、长者餐厅、户外花园、舞蹈室、声乐室等,满足长者餐饮、文娱、休闲、康复等多样化服务需求(图9.8)。

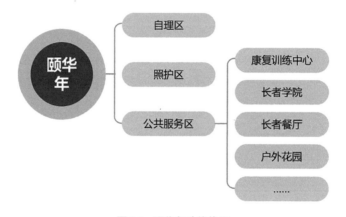

图9.8 颐华年功能体系

4.服务内容

自理区主要服务于活力型长者,这部分老年人群身体状况相对较好,生活能够自理。颐华年为活力型长者提供便捷的安养服务,如营养餐饮、清洁打扫、医疗保健、紧急救护、娱乐社交、心理疏导等。

照护区主要服务于介助型和介护型长者。介助型长者的日常生活需要他人一定程度上的帮助照料,颐华年除提供基础性安养服务外,还提供老人用餐、洗浴、穿衣、吃药、康复等日常生活照护。对于生活完全不能自理的介护型长者,颐华年提供24小时由专业护士照料的监护服务。

5.开发模式

高端康养综合体的打造离不开高质量、高标准的养老服务。为提高颐华年项目运营的专业化程度以及养老服务的专业性、精细性、多元性,建议实现项目建设和项目运营的分离，在东方物业旗下新设"颐华东方健康管理公司"，专门负责颐华年的运营服务。

资产所有权仍归资产原所有权人即地产集团或武汉建工所有，地产集团/武汉建工根据颐华东方健康管理公司需求进行装修改造，项目完工后移交至项目运营方即颐华东方健康管理公司，由颐华东方健康管理公司租赁已完工项目，支付项目租金，进行项目运营管理。

6.运营模式

颐华年划分为自理区和照护区，向不同需求长者提供差异化服务，并通过"会员费+服务费+护理费+餐费"形式获取收益。

自理区主要服务于活力型长者，为其提供便捷的安养服务，以此收取会员费+服务费+餐费。

照护区主要服务于照护型长者，为其提供精准的照护服务，并根据入住老人护理等级的不同，收取会员费+服务费+护理费+餐费（图9.9）。

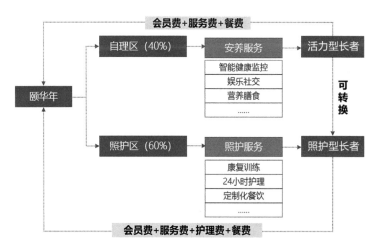

图9.9 颐华年的运营收益模式

7.财务评价

（1）收费标准

自理区收费内容包括会员费+服务费+餐费。会员卡由购买方所有，可转让、出租、继承，不同年限、不同户型的会员卡收费标准不同（表9.2）。

照护区收费内容包括会员费+服务费+护理费+餐费。会员卡产权由购买方所有，可转让、出租、继承，不同年限、不同户型的会员卡收费标准不同。老人入住护理区时，需对其进行等级评估，评级越高，护理费相应提高（表9.3）。

颐华年自理区收费明细　　　　　　　　　　　　　表9.2

	户型	10年卡（万/间）	20年卡（万/间）
会员费	单人间	40.00	64.00
	双人间	70.00	112.00
	套间	80.00	128.00
基础服务费（500.00元/人·月）			
餐费（2000.00元/人·月）			

颐华年照护区收费明细　　　　　　　　　　　　　表9.3

	户型	10年卡（万/间）	20年卡（万/间）
会员费	单人间	60.00	96.00
	套间	100.00	160.00
基础服务费（800.00元/人·月）			
护理费（2000.00～5000.00元/人·月）			
餐费（2000.00元/人·月）			

（2）测算假设

①床位设置。自理区共有房间90间，床位数110张，其中单人间50间、床位数50张，双人间20间、床位数40张，套间20间、床位数20张。照护区共有房间100间，床位数100张，其中单人间50间、床位数50张，套间50间、床位数50张。

②改造成本。项目建筑面积15000.00平方米，床位数210张，改造成本约5076.00元/平方米，项目总投资为8627.80万元。

③运营成本。a.人员工资：自理照护比（长者/医护人员）为3:1，照护区照护比为1:1，医护人员工资6.00万元/人·年，管理人员数量15人、工资为8.80万元/人·年。b.餐饮成本（食材购置等）：餐费×50.00%。c.能耗：用水3.00万吨/年，用电200.00万千瓦时/年。d.管理费用：营业收入×5.00%。e.设备更新及维修：建设投资×3.00%。

（3）财务结论

通过测算可知，颐华年40年营业收入约9.98亿元，投资回收期（税后）为9.51年，IRR（税后）为7.36%，总投资收益率5.96%。项目收益稳定，具有投资可行性。

8.合作模式

(1) 与知名医院合作

通过与知名医院签订合作协议,能够联合优质医疗资源,实现康养机构和医院功能相结合,为老人搭建一个集养老、保健、医疗于一体的全方位立体式养老服务平台[24],推动养老机构由单一的养老服务向医养融合发展,打造集医疗、养护、养生、养老等为一体的"医养一体化"发展模式。

颐华年主要侧重于"养",为长者提供安养、照护等日常性照料服务。合作医院更侧重于"康",为长者提供定期巡诊、疾病咨询服务;为老人进行定期的体检和健康检测,对其中身体存在问题的老人进行专门的会诊管理,根据老人自身身体状况,制定针对性的个性化综合诊疗方案;如遇突发疾病的老人,特别是危、重症老人,合作医院会开通"急诊急救绿色通道""双向转诊服务",实现康养机构—医院的快速连接(图9.10)。

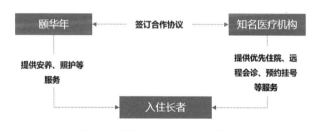

图9.10 颐华年与医院的合作框架

通过盘点武汉市医疗资源,综合考虑医院的床位设置、人员配备、科室设置、服务水平等,颐华年拟合作医院清单如表9.4所示。其中,武汉市红十字会医院目前有转型发展意向,拟寻求合作单位涉足康养市场。

颐华年拟合作医院清单　　　　　　　　表9.4

序号	名称	地址
1	同济医院	硚口区解放大道1095号
2	协和医院	江汉区解放大道1277号
3	武汉大学人民医院	武昌区解放路238号
4	中南医院	武昌区东湖路169号
5	武汉市中心医院	江岸区胜利街26号
6	湖北省中医院	武昌区花园山4号

续表

序号	名称	地址
7	武汉市第一医院	武昌区中山大道215号
8	武汉市第三医院	武昌区彭刘杨路241号
9	武汉市红十字会医院	江汉区香港路392号

（2）与康养服务商合作

目前市场上已有较多专业化的康养服务提供商，在养老理念、产品设计、服务标准、运营管理、服务体系等方面具有较高的成熟度和先发优势。通过与康养服务商合作，能够充分利用各自的资源渠道，快速实现优势互补、合作共赢，共同打造"医护养结合"的全新健康生活方式。

①购买服务模式

东方健康管理公司持有颐华年100%股权，颐华年与康养服务商签订服务购买协议，服务商依据协议内容提供相应服务。

该模式下，合作流程相对简单，但难以掌握合作方在康养产品方面的运营经验，不利于项目复制和进一步推广应用（图9.11）。

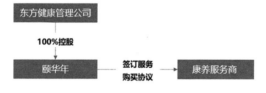

图9.11　颐华年购买服务框架

②股权合作模式

东方健康管理公司与康养服务商共同出资成立SPV公司，其中东方健康管理公司占股80.00%，康养服务商占股20.00%，SPV公司为颐华年提供康养服务。

该模式下，东方健康管理公司能快速学习合作方康养项目经验，但股权合作流程相对复杂（图9.12）。

图9.12　颐华年股权合作框架

9.3.3 颐华之家（社区康养服务中心）

1. 总体定位

颐华之家旨在打造嵌入式社区康养服务中心。实现"社区养老+居家养老+互联网"融合发展。

作为武汉城建集团旗下社区养老、居家养老品牌，颐华之家以街道辖区为服务范围，以"近社区、小规模、设日托"为特色，为辖区长者提供上门服务、助餐配餐、医养结合、文体娱乐等一站式服务。面对当前更多老人依然倾向于居家养老的社会现实，颐华之家将实现老年人足不出户就能享受到和养老机构同等的养老服务，打通养老的"最后一公里"，最大限度地提升养老的幸福感。

2. 项目选址

（1）选址条件

颐华之家的服务规模和服务范围相对有限，为了提高使用效率，应尽量选取靠近老年客群、交通便利、距离医疗资源较近的社区，或依托于颐华年康养综合体进行布局。

①区位交通：建议选址在常住人口规模较大，老年人口多的成熟社区；选址应尽量靠近社区出入口，便于为社区老人提供支援服务；靠近城市道路但远离城市主干道，在注重交通便捷性同时避免噪声及空气污染和安全隐患。

②生态环境：有充足的室外活动空间，能为老人室外活动提供场所；周边无污染源、噪声源，且要完全避开易燃、易爆、危险品生产和储运。

③医疗资源：不超过15分钟车程就能到达医疗机构或急救机构，满足急危重症就医的需求。

（2）选址建议

通过梳理武汉城建集团当前闲置资产，综合考虑片区老龄人口数、交通条件等选址要求，主要选取1000.00～2000.00平方米建筑面积范围的存量资产改建为社区康养服务中心（表9.5）。

颐华之家拟选址信息 表9.5

序号	地区	项目名称	资产名称	状态	类型	项目建筑面积（平方米）	拟用建筑面积（平方米）
1	江汉区	财神广场	武汉建工大楼三～十层的Z-1室及五层Z2、五层Z3室	空置	办公楼	16639.52	1639.52
2	江岸区	都市产业大厦	都市产业大厦	出租	办公楼	28383.92	2000.00
3	黄陂区	天汇龙城	天汇龙城三馆	出租	社区底商	1568.00	1568.00
4	东西湖区	银湖翡翠东侧商铺	投资性商铺一～二层1～5室	出租	社区底商	1457.10	1457.10
5	经开区	三角湖项目	三角湖项目1	空置	其他	1261.65	1261.65

3. 功能体系

颐华之家建筑面积为1000.00～2000.00平方米，针对社区长者个性化、多元化需求，打造生活休闲区、康复护理区、托老照料区，实现"就近、专业、便利"养老（图9.13）。

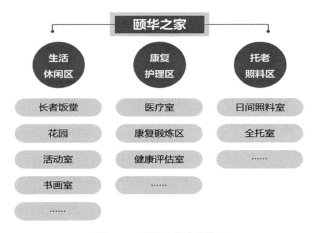

图9.13 颐华之家功能体系

生活休闲区：规划长者食堂、户外花园、活动室等功能分区，为长者提供助餐配餐、文化娱乐等服务。

康复护理区：规划医疗室、康复锻炼区等功能分区，为长者提供康复护理、健康监测等服务。

托老照料区：规划10～20个日托床位和5～10个全托床位，满足长者日间照料和全天照料的需求，为长者提供精心照护服务。

4.服务内容

颐华之家通过实现"社区养老＋居家养老＋互联网"融合发展，满足不同长者服务需求，覆盖线上线下养老服务的"最后一公里"。

(1) 社区养老服务

对于照护不便或无法自理的老人，可直接入住颐华之家的托老照料区，基于自身需求选择日托床位或全托床位。日托即指老年人白天去社区康养服务中心，晚上由家人接回家居住，社区康养服务中心仅为老人提供日间的养老照料服务。全托指老年人白天和晚上均入住社区康养服务中心，由服务人员提供全天服务保障。

颐华之家可为老人提供生活照料、康复护理、医疗保健、文化娱乐、长者托护、健康监控六大个性化服务，满足老人休闲、娱乐、康养、照护、餐饮、起居等方面需求。同时，为了保障长者健康安全，颐华之家建筑内部均进行适老化建设，对地面、护栏、灯具、洗浴设备等进行相应处理，便于老年人生活。

(2) 居家养老服务

对于具有自理能力，或者不愿意入住社区康养服务中心的老人，可选择居家养老，即老人居住在家中，社区协助家人为老人提供居家养老的服务。

一是家庭适老化改造，对长者在家中的居住环境和生活空间进行合理评估，并完成适老化、智能化改造。二是提供居家上门服务：依托于颐华之家的服务载体和医护资源，提供买菜做饭、家庭保洁、家具家电维修、水电维修、协助饮食、协助洗浴、协助出行、协助就医等多项上门服务。

(3) 互联网支持

颐华之家建立颐华智慧云平台，运用"互联网＋养老＋护理"的模式，连通三大主体(用户、服务方、政府)。整合养老服务设施、专业队伍和各方资源，以智慧平台为支撑，以特色居家养老服务为核心，实现线上＋线下社区—居家一体化养老服务[25]。医护人员与居民双方线上发布、在线预约、在线订单形成、线下服务、在线支付、在线评价，调动社区就近的医疗、养老资源以及个人，为社区居民提供医院陪诊、上门护理等多项服务。同时，通过智能监测设备铺设，对长者安全实行无感化监测，对多项体征和健康指标进行测量，并形成健康档案，当发生险情或指标异常时，向多个接收端口发送通知提醒。此外，利用颐华智慧云平台实时进行数据传输，确保相关政府部门快速抓取需求信息，完成数据监控统计。

5. 开发模式

颐华之家的开发模式与颐华年类似。在东方物业旗下新设"颐华东方健康管理公司"，专门负责颐华之家的运营服务。资产所有权仍归资产原所有权人即地产集团或武汉建工所有，地产集团/武汉建工根据颐华东方健康管理公司需求装修改造，项目完工后移交至项目运营方即颐华东方健康管理公司，由颐华东方健康管理公司租赁已完工项目，支付项目租金，进行项目运营管理。

6. 运营模式

颐华之家充分响应武汉市政策，构建社区养老和居家养老板块，向各类长者提供个性化服务，通过"服务费+政府补贴"形式获取收益。近年来，武汉市人民政府出台了《市人民政府关于加快推进养老服务高质量发展的实施意见》《武汉市居家和社区基本养老服务提升行动项目实施方案》等多项政策，对于满足文件要求的康养中心给予一定的资金补贴。此外，颐华之家在社区养老板块为长者提供康养服务，在居家养老板块为长者提供照护服务，均能获取一定的服务收益（图9.14）。

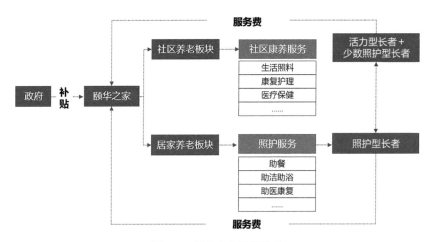

图9.14 颐华之家运营模式

7. 财务评价

（1）收费标准

社区养老收费包括床位费、餐费、基础服务费和护理费（表9.6）。

颐华之家社区养老收费明细　　　　表9.6

序号	项目	收费
1	床位费	2500.00元/人·月
2	餐费	30.00元/人·天
3	基础服务费	200.00元/人·月
4	护理费	600.00元/人·月

家庭养老收费包括基础服务费和护理费（表9.7）。

颐华之家家庭养老收费明细　　　　表9.7

序号	项目	收费
1	基础服务费	350.00元/人·月
2	护理费	800.00元/人·月

政府补贴包括床位补贴、设备购置补贴等（表9.8）。

颐华之家政府补贴明细　　　　表9.8

序号	项目	收费
1	床位补贴	2000.00元/床位
2	设备购置补贴	实报实销，不高于3000.00元/床位
3	其他补贴	对连锁运营3A及以上等次养老服务设施达到5个（含）以上的企业或者社会组织给予20.00万元一次性奖励
4	税费减免	机构提供养老服务取得的收入免征增值税，在计算应纳税所得额时按90.00%计入收入总额

（2）测算假设

①改造成本。项目建筑面积2000.00平方米，项目总投资为294.58万元。

②运营成本。a.人员工资：服务人员18人，工资为5.00万元/人·年；管理人员数量5人、工资为8.80万元/人·年。b.餐饮成本（食材购置等）：餐费×70.00%。c.能耗：用水1600.00吨/年，用电2400.00千瓦时/年。d.管理费用：营业收入×3.00%。e.设备更新及维修：建设投资×3.00%。f.上门服务成本：家庭养老床位建设成本2000.00元/个，其他成本为家庭养老收入×20.00%。

（3）财务结论

通过测算可知，颐华之家20年营业收入约5042.00万元，补贴收入64.00万元，投资回收期（税后）为11.4年，IRR（税后）为7.44%，总投资收益率8.30%。项目收益稳定，具有投资可行性。

8. 合作模式

（1）与周边优质医院签订合作协议

颐华之家主要与周边的优质医院进行合作，通过签订合作协议，整合医疗资源，把养老服务和医疗卫生服务的资源和功能进行有机结合，实现医养结合，提高老年人的生活质量。主要的合作内容包括：

一是为颐华之家老年人建立健康档案，对老年人的健康状况进行动态监测和管理，定期举办健康知识讲座，开展慢性病管理、心理疏导等医疗服务；二是院内医生定期出诊、随时会诊；三是开辟绿色就医通道，当颐华之家老人突发疾病时，合作医院提供安全、快捷、贴心的医疗转运、综合医疗保障服务，赢得疾病紧急救治的黄金期。

（2）与云平台开发运营商合作

对接云平台开发运营商，通过购买服务，搭建颐华之家信息化康养服务平台。通过打造康养线上线下互联互通平台，实时监测，排除长者健康安全隐患，定制长者健康干预、管理、康复计划，形成动态档案，实现网上问诊、远程医疗等。

9.4 "颐华之道"产品开发保障措施

9.4.1 组织保障

在武汉城建集团所属东方物业下设立颐华东方健康管理公司，主要负责康养地产业务。

颐华东方健康管理公司按照现代公司治理结构和经营管理规范进行组建，由武汉城建集团所属武汉城市服务集团出资占股51.00%及以上，其余股权由康养产业相关股东方持有，出资方式以货币资金和康养类资产形式按比例出资。基于《中华人民共和国公司法》和上市公司治理结构和经营管理规范，颐华东方健康管理公司组织架构如下（图9.15）：

按照上市公司治理标准，建立现代企业制度，依法落实企业董事会定战略、作决策、防风险职责，切实保障经理层谋经营、抓落实、强管理职权。公

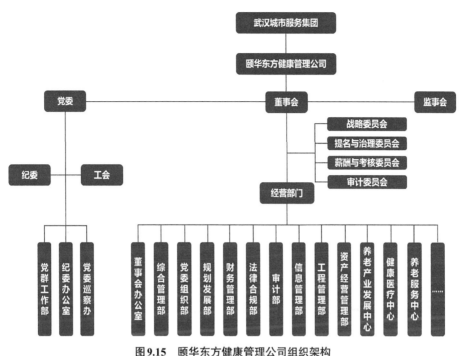

图9.15 颐华东方健康管理公司组织架构

司设董事会，由5名董事组成，其中武汉城服集团委派3名，其他股东企业委派2名。董事会决议事项，应当由过半数董事表决通过；其中特殊事项，需由三分之二以上董事表决通过。特殊事项内容由公司章程另行约定。

全面导入市场化经营管理理念和模式，公司及子公司经理层成员以市场化选聘为主，实现任期制和契约化管理。企业董事会比照同行业同类型企业制定经营业绩考核和薪酬分配方案，建立市场化薪酬、激励约束制度。

9.4.2 人力保障

目前，"康养+地产"存在服务人员匮乏、人才流失严重、服务水平较低等短板。康养产业的发展需要综合具备健康、养生和养老等专业能力的人才。目前我国虽然出台了一系列康养产业发展的利好政策，但是尚未制定统一的康养人才培养标准，也未形成多学科交叉融合的理论体系进行康养人才的指导培养。此外，受到职业的社会地位、工资待遇等影响，很多人不愿意从事康养行业，很多人将此当成一个副业，稳定性差、流动性强。康养人才的发展落后于康养产业的发展，使专业性康养人才供需存在较大的缺口。

武汉城建集团进军康养地产行业需要做好康养服务人员的人力保障工作，

保障有足够的能力强、水平高、专业性突出的从业人员提供产品和服务。

一是要提前做好对外招聘工作。以较强吸引力的工资待遇和福利待遇吸引有经验、有能力的从业人员加入，确保公司有一定数量的首批从业人员可以直接投入工作，并且可以在康养产品提供初期收到良好的反馈，以提升产品的知名度和社会影响力，便于培养客源和吸引更多的客户。

二是要提升公司人才的自我造血能力。颐华东方健康管理公司应搭建员工培训体系，设立康养服务培训班，建立一支师资队伍，搭建课程体系，对员工开展定期培训，采取"老带新"模式，让员工在一线进行实践，快速提高服务人员的业务水平。以老员工带领新员工的培训模式，便于为公司长期输送高素质的专业化康养人才。同时，人才的自我培养也有利于从业人员更好地匹配公司的发展理念与服务理念，提升员工的归属感。

三是要制定恰当的激励政策和考核制度。定期进行员工考核，对优秀员工进行精神表彰和物质奖励，对考核不达标的员工进行劝导和沟通；通过奖惩分明的制度，提高员工的参与度和积极性。

四是要建立标准化的服务体系。公司需要制定一整套的从业人员服务规范，在服务内容、服务程序、服务质量等方面加以规范，促使员工在实际工作中的服务、管理趋向标准化。规范不能简单地停留在身体层面的护理上，还要对精神层面深层次的服务进行规范，以高标准的服务提升员工的服务能力和服务水平，在便于管理的同时，提高入住老人的满意程度。

9.4.3 技术保障

数字化时代的到来，使互联网、大数据、云计算、区块链、人工智能等数字技术得到广泛应用，要求养老服务与数据库数据挂钩，将健康监护、生活服务、心理慰藉等进行一体化管理，让老年人在居家养老的同时，摆脱时间、地域的束缚，过上高品质的老年生活。结合目前人工智能和互联网等的应用，武汉城建集团搭建颐华智慧云平台，实现康养地产的信息化和智能化加持，保障线上线下康养平台联通，并且依托大数据平台，协调养老服务主体，整合养老服务资源，建立服务主体与客体之间的信任关系，驱动养老服务从"碎片化运作"迈向"整体性治理"[26]。

在输入端，为老年人提供智能化终端设备，实时采集和传输老年人健康数据、安全状况、需求情况等信息；在颐华智慧云平台，构建项目网络、信息与服务、监护与救助、生命体征监测、信息传输五大系统，通过信息采集、数据，实时进行老年人生活状况跟踪监测，快速响应老年人需求。同时还与政务数据链接，利用大数据和互联网技术将老年人的就医治病记录存档，归入老年人的个人信息，便于下一次就医时对老年人身体状况的准确判断，提高就医精准度。通过颐华智慧云平台，为每个老人建立一个数据库，在实现老年人整体状况动态监测的同时，可以在平台上及时响应老年人即刻的诉求，线上线下联动，织密一个完整的养老体系。

9.4.4 资金保障

"康养＋地产"受房地产开发具体政策的影响因素相对较小，能够借助后续的物业服务管理和基础设施信息管理逐步形成产业价值链，但是，"康养＋地产"的初始投资额大，投资回报所需时间较长，企业很难依靠自有资金投资整个项目。这就需要拓宽融资渠道，提升融资效率，保障资金的有效供应[27]。当前我国的地产商在开发"康养＋地产"时依然受到融资手段单一的限制，过度地依赖自有资金、银行贷款和债券等传统的融资模式使地产商的资金保障不足。在"康养＋地产"项目中，可利用银行贷款或者是区域合作者的方式进行投融资，从而优化资本结构，保障资金来源多元化。

考虑社区型康养中心具有一定的公益性，可与政府进行合作开发，通过采用建设—运营—移交和委托运营的方式，政府方提供政策和一定资金的支持，社会资本方提供专业化的服务，从而降低项目风险。此外，也可采用PPP模式，通过自有资金、社会资本融资及政府补贴获得资金[28]。通过政府与社会资本合作的方式，有益于风险分担，保障社会资本方的基本收益水平，实现可持续发展。此外，还要提升资金管理水平，评估不同时间段的融资现状，根据融资成本和风险制定更详细完整的融资方案，以满足融资需求，并不断优化目前的融资制度，以实现资金的充分和有效利用。

第五部分 政企联动：推动"康养+地产"高质量发展

第10章 创新发展"康养+地产"产业具有重要战略意义

在"康养+地产"产业中,房地产是平台,资源环境是基础,康养服务是核心。武汉市发展"康养+地产"产业,是服务人民美好生活需要的使命担当,是服务新型城镇化和产业转型的政治自觉,也是贯彻"两山"理念和绿色发展的战略选择,具有重要战略意义。当前,武汉康养产业的主要矛盾是人口老龄化持续加深带来的康养需求与高品质康养服务供给不平衡、不充分之间的矛盾。根据武汉市统计局数据,2022年武汉市的GDP达到1.89万亿元,位居全国城市第八名;城镇化率为84.66%,比全国平均水平高19.44%。根据武汉市民政局数据,武汉市60岁及以上人口212.44万,占比17.23%;而全市270家养老机构中,在院老人共1.84万,仅占全市老龄人口的0.90%。未来武汉要实现"康养+地产"产业的高质量发展,更好地满足老龄人口的康养需求,需要政企聚力,同向前行!

10.1 坚持规划引领,推动房地产与康养产业协同发展

"康养+地产"属于交叉型产业,武汉市政府有关部门要充分发挥政府主导作用,从经济与社会发展规划的高度,统筹规划、合理布局"康养+地产"项目,促进房地产与养老服务、医疗健康、文娱旅游等相关产业协同发展,在充分满足老年人对美好生活需求的同时,促进地方经济的高质量发展。中心城区老年人口密集,土地资源有限,可以规划布局康养服务中心、养老会所、养老公寓等社区嵌入型的"康养+地产"项目,为老年人提供日间照料、短期托

养、餐饮文娱等服务；远城区土地资源丰富、自然环境好，可以结合当地产业发展情况，规划布局康养产业园、康养社区、康养综合体等综合性"康养+地产"项目；基于武汉在"1+8"城市圈中的龙头地位，建立跨区域"康养+地产"发展协同机制，努力挖掘咸宁、黄石、鄂州等地的资源优势，拓展"康养+地产"的区域市场布局。

10.2 完善政策支持，增加"康养+地产"服务的有效供给

武汉的"康养+地产"行业整体还处于发展初级阶段，现有的政策主要聚焦在养老服务上，专门针对"康养+地产"的支持政策较少，而且相关的配套政策还不完善，各个政府部门之间缺乏协同联动的机制，导致政策不能完全落地。未来，一方面要在政府引导、市场驱动的主线下，进一步制定和完善促进"康养+地产"发展的土地、金融、财税等相关配套政策，提高对社会企业参与的吸引力；另一方面要构建政府部门之间的协同机制，可以通过设立养老产业发展领导小组、开展部门联席会议等方式，实现对"康养+地产"项目的招商引资、规划布局、开发建设、运营监管的全过程无缝对接和监督管理，促进"康养+地产"项目的顺利落地。

10.3 推动国有企业参与，发挥国有资本的市场引导带动作用

相较于已参与"康养+地产"市场的民营中小企业，国有企业具有资产规模大、资金链稳、产业链全、抗风险能力强、品牌信誉度高等优势。国有企业参与"康养+地产"，不仅可以很好地解决"康养+地产"投资规模大、回收期长的问题，而且还是服务国家战略和承担社会责任的重要体现。武汉市政府有关部门可以向市属国有企业加大养老扶持政策的宣传力度，针对有意向的国有企业探索制定基金支持、政策补贴、贴息贷款、土地供应、政府购买

等专项优惠政策，引导国有企业在养老服务供需矛盾尖锐的区域，因地制宜建设一批高质量的"康养+地产"项目。在这一过程中，要积极引导国有资本加强与其他社会资本的合作，通过与不同行业、不同领域优势企业的强强联合，增强社会参与"康养+地产"的信心，促进"康养+地产"的持续快速健康发展。未来随着"康养+地产"发展到成熟阶段，市场逐渐发挥主要角色作用，政府要从"康养+地产"市场的"划桨者"转变为养老市场的"掌舵者"，发挥好"康养+地产"市场健康发展的引导和监督作用，依法依规从严惩处"康养+地产"服务机构侵害老年人合法权益的行为，持续净化"康养+地产"市场环境。

10.4 明晰市场定位，创新"康养+地产"发展模式

武汉的城市区位、教育、医疗和自然资源优势突出，但不同区域的资源分布不均衡，城乡差异较大。要根据地方人口、资源和产业的特点，科学分析确定"康养+地产"的市场定位，创新商业模式，促进"康养+地产"的高质量发展。一是借鉴美国UBRC（University Based Retiredment Community）模式的经验，在长江新区大学城的规划中引入"康养+地产"的项目，在使老年人共享大学城的医疗、教育和公共服务资源的同时，可以促进大学相关老年学科的发展。二是依托同济、协和等优质医疗资源，在硚口、光谷、蔡甸等区域探索发展"医养结合"的"康养+地产"发展模式，实现养老、居住、医疗、康复的产业链闭环。三是加强生态环境保护和治理，将建设湿地花城、培育发展绿色经济与"康养+地产"结合起来，在东湖、黄陂、江夏等远城区以及咸宁、黄石等生态资源丰富的周边城市，打造集旅游观光、餐饮住宿、休闲度假、养生养老于一体的"康养+地产"产业集群。

10.5 促进产教融合，建设康养服务专业人才队伍

"康养+地产"行业的持续发展离不开高质量的服务，而提供高质量服务的关键在于高素质专业化的康养服务人才支撑。近年来，武汉市虽然在康养产业有了显著的发展，但由于康养护理岗位劳动强度大、待遇不高、缺少认同感等因素影响，从业人员的专业水平和素质与一线城市相比仍存在较大差距，未来还需要进一步加强康养服务专业人才队伍建设。一是支持市属各类院校设置老年护理、养老康复与养生、老年医学、养老服务管理等专业，逐步扩大招生培养规模，同时深化产教融合，支持相关院校联合"康养+地产"服务机构加强校企合作，开展订单式人才培养和技能培训。二是市民政局定期组织"康养+地产"服务机构开展培训，鼓励自身有培训能力的"康养+地产"服务企业机构自主开展技能培训。三是整合利用"1+8"城市圈养老服务人力资源，积极引进具备养老护理高技能人才；鼓励医务工作者、卫生专业技术人才参与提供康养服务；定期举办"康养+地产"服务人员专场招聘会，支持引导养老服务、养老护理、医疗护理等相关专业高校毕业生到"康养+地产"机构就业。四是制定康养服务人员技能等级的基本工资指导标准，实施合理的薪酬等级体系。同时，通过选树典型、加强宣传、鼓励先进，培养养老服务人员的职业荣誉感和自豪感，切实提高养老护理员职业认可度和社会认同感。

2016—2022年中国康养地产相关政策一览

序号	发文时间	发文机构	文件名称	主要内容
1	2016年8月	中共中央、国务院	《"健康中国2030"规划纲要》	积极促进健康与养老、旅游、健身、食品等产业融合，催生新产业、新业态、新模式
2	2016年12月	国务院办公厅	《国务院办公厅关于全面放开养老服务市场提升养老服务质量的若干意见》	①鼓励社会力量通过独资、合资、合作、联营、参股、租赁等方式，参与公办养老机构改革；②支持开发老年宜居住宅和代际亲情住宅
3	2019年1月	国家发展改革委等十八部委	《加大力度推动社会领域公共服务补短板强弱项提质量 促进形成强大国内市场的行动方案》	①全面放开养老服务市场；②深化非营利性养老机构登记制度改革，允许养老机构依法依规设立多个服务网点，实现规模化、连锁化、品牌化运营；③鼓励民间资本对企业厂房、商业设施及其他可利用的社会资源进行整合和改造后用于养老服务；④开展城企协同推进养老服务发展行动计划
4	2019年3月	国务院办公厅	《国务院办公厅关于推进养老服务发展的意见》	大力推动养老服务供给结构不断优化、社会有效投资明显扩大、养老服务质量持续提高、养老服务消费潜力充分释放
5	2019年3月	国家林业和草原局等四部委	《国家林业和草原局 民政部 国家卫生健康委员会 国家中医药管理局关于促进森林康养产业发展的意见》	以满足多层次市场需求为导向，着力开展保健养生、康复疗养、健康养老、休闲游憩等森林康养服务
6	2019年6月	国务院	《国务院关于实施健康中国行动的意见》	健全老年健康服务体系，完善居家和社区养老政策，推进医养结合，探索长期护理保险制度，打造老年宜居环境，实现健康老龄化

续表

序号	发文时间	发文机构	文件名称	主要内容
7	2019年8月	国家发展改革委等二十多个部门	《促进健康产业高质量发展行动纲要（2019—2022年）》	到2022年，基本形成内涵丰富、结构合理的健康产业体系，优质医疗健康资源覆盖范围进一步扩大，健康产业融合度和协同性进一步增强，健康产业科技竞争力进一步提升，人才数量和质量达到更高水平，形成若干较强影响力的健康产业集群
8	2019年9月	民政部	《民政部关于进一步扩大养老服务供给 促进养老服务消费的实施意见》	实施"养老服务+行业"行动。支持养老服务与文化、旅游、餐饮、家政、教育、养生、健康、金融、地产等行业融合发展，创新和丰富养老服务产业新模式与新业态，拓展旅居养老、文化养老、健康养老、养生养老等新型消费领域
9	2019年10月	国家卫生健康委等十二个部门	《关于深入推进医养结合发展的若干意见》	①支持社会力量通过市场化运作方式举办医养结合机构，并按规定享受税费、投融资、用地等有关优惠政策；②各地可采取公建民营、民办公助等方式支持社会力量为老年人提供多层次、多样化医养结合服务，鼓励地方结合实际制定多种优惠支持政策
10	2019年10月	国家卫生健康委等八部委	《卫生健康委 发展改革委 教育部 民政部 财政部 人力资源社会保障部 医保局 中医药局关于建立完善老年健康服务体系的指导意见》	①充分发挥康复医疗在老年医疗服务中的作用，为老年患者提供早期、系统、专业、连续的康复医疗服务；②大力发展老年护理服务，建立完善以机构为支撑、社区为依托、居家为基础的老年护理服务网络
11	2019年11月	自然资源部	《自然资源部关于加强规划和用地保障支持养老服务发展的指导意见》	鼓励利用商业、办公、工业、仓储存量房屋以及社区用房等举办养老机构，所使用存量房屋在符合详细规划且不改变用地主体的条件下，可在五年内实行继续按土地原用途和权利类型适用过渡期政策
12	2019年11月	中共中央、国务院	《国家积极应对人口老龄化中长期规划》	①打造高质量的养老服务和产品供给体系。积极推进健康中国建设，建立和完善包括健康教育、预防保健、疾病诊治、康复护理、长期照护、安宁疗护的综合、连续的老年健康服务体系；②健全以居家为基础、社区为依托、机构充分发展、医养有机结合的多层次养老服务体系，多渠道、多领域扩大适老产品和服务供给，提升产品和服务质量

续表

序号	发文时间	发文机构	文件名称	主要内容
13	2020年12月	国务院办公厅	《国务院办公厅关于促进养老托育服务健康发展的意见》	①健全老有所养、幼有所育的政策体系，分层次加强科学规划布局，统筹推进城乡养老托育发展，积极支持普惠性服务发展，强化用地保障和存量资源利用，推动财税支持政策落地，提高人才要素供给能力；②扩大多方参与、多种方式的服务供给，增强家庭照护能力，优化居家社区服务，提升公办机构服务水平，推动培训疗养资源转型发展养老服务，拓宽普惠性服务供给渠道，引导金融机构提升服务质效
14	2021年3月	文化和旅游部、国家发展改革委、财政部	《文化和旅游部 发展改革委 财政部关于推动公共文化服务高质量发展的意见》	积极适应老龄化社会发展趋势，提供更多适合老年人的文化产品和服务，让老年人享有更优质的晚年文化生活
15	2021年3月	全国人大	《中华人民共和国国民经济和社会发展第十四个五年规划和2035年远景目标纲要》	①推动养老事业和养老产业协同发展，健全基本养老服务体系，大力发展普惠型养老服务，支持家庭承担养老功能，构建居家社区机构相协调、医养康养相结合的养老服务体系；②支持培训疗养资源转型发展养老，加强对护理型民办养老机构的政策扶持，开展普惠养老城企联动专项行动。加强老年健康服务，深入推进医养康养结合
16	2021年5月	民政部、国家发展改革委	《"十四五"民政事业发展规划》	①加强养老服务保障，加强基本养老服务，建立基本养老服务清单，逐步丰富发展服务项目，完善兜底性养老服务。发展长期照护保障；②优化居家社区机构养老服务网络，完善居家养老支持措施，支持具备条件的养老服务机构运营社区养老服务设施，优化社区养老服务设施布局，实施老年人居家和社区适老化改造工程，推进区域养老服务中心建设，推动养老机构提质发展，积极推进医养结合服务；③壮大养老服务产业。做强养老产业主体，实施"养老服务+行业"行动
17	2021年10月	民政部办公厅、财政部办公厅	《民政部办公厅 财政部办公厅关于组织实施2021年居家和社区基本养老服务提升行动项目的通知》	中央专项彩票公益金支持项目地区为60周岁（含60周岁）以上的经济困难失能和部分失能老年人建设家庭养老床位、提供居家养老上门服务，项目地区可根据本地实际，统筹各级用于该项目的资金，结合老年人身体状况、养老服务实际需求等，合理确定补助标准

续表

序号	发文时间	发文机构	文件名称	主要内容
18	2021年11月	中共中央、国务院	《中共中央 国务院关于加强新时代老龄工作的意见》	①健全养老服务体系，创新居家社区养老服务模式，进一步规范发展机构养老，建立基本养老服务清单制度，完善多层次养老保障体系；②完善老年人健康支撑体系，提高老年人健康服务和管理水平，加强失能老年人长期照护服务和保障，深入推进医养结合；③强化老龄工作保障，加强人才队伍建设，加强老年设施供给，完善相关支持政策
19	2021年12月	国务院	《国务院关于印发"十四五"国家老龄事业发展和养老服务体系规划的通知》	①织牢社会保障和兜底性养老服务网，进一步健全社会保障制度，建立基本养老服务清单制度，强化公办养老机构兜底保障作用，加快补齐农村养老服务短板；②扩大普惠型养老服务覆盖面，建设普惠养老服务网络，支持普惠养老服务发展；③强化居家社区养老服务能力，构建城乡老年助餐服务体系，开展助浴助洁和巡访关爱服务，加快发展生活性为老服务业；④完善老年健康支撑体系，加强老年健康教育和预防保健，发展老年医疗、康复护理和安宁疗护服务，深入推进医养结合，强化老年人疫情防控
20	2022年4月	国务院办公厅	《"十四五"国民健康规划》	①提升医养结合发展水平。健全医疗卫生机构和养老服务机构合作机制，为老年人提供治疗期住院、康复期护理、稳定期生活照料、安宁疗护一体化的服务。进一步增加居家、社区、机构等医养结合服务供给；②推进健康相关业态融合发展。支持面向老年人的健康管理、预防干预、养生保健、健身休闲、文化娱乐、旅居养老等业态深度融合，强化国有经济在健康养老领域有效供给
21	2022年7月	国家卫生健康委、国家发展改革委等十一部门	《关于进一步推进医养结合发展的指导意见》	①发展居家社区医养结合服务，积极提供居家医疗服务，增强社区医养结合服务能力；②推动机构深入开展医养结合服务，支持医疗卫生机构开展医养结合服务，提升养老机构医养结合服务能力；③优化服务衔接，加强医疗养老资源共享，积极发挥信息化作用；④完善支持政策，完善价格政策，加大保险支持，盘活土地资源，落实财税优惠

续表

序号	发文时间	发文机构	文件名称	主要内容
22	2022年8月	国家发展改革委、教育部、科技部、民政部等多部门	《养老托育服务业纾困扶持若干政策措施》	给予房租减免、税费减免、社会保险支持、金融支持、防疫支持措施等
23	2022年12月	中共中央、国务院	《扩大内需战略规划纲要（2022—2035年）》	①坚持"房子是用来住的、不是用来炒的"定位，稳妥实施房地产市场平稳健康发展长效机制，稳地价、稳房价、稳预期；②增加养老育幼服务消费，推动养老事业和养老产业协同发展，加快健全居家社区机构相协调、医养康养相结合的养老服务体系；③发展银发经济，推动公共设施适老化改造，开发适老化技术和产品；④健全产品和服务标准体系，健全旅游、养老、商贸流通等服务业标准体系
24	2023年1月	中共中央、国务院	《中共中央 国务院关于做好2023年全面推进乡村振兴重点工作的意见》	加快乡镇区域养老服务中心建设，推广日间照料、互助养老、探访关爱、老年食堂等养老服务
25	2023年1月	湖北省人民政府办公厅	《2023年全省"稳预期、扩内需、促消费"工作方案》	①楼市保稳促转型行动。因城施策支持刚性和改善性住房需求，促进房地产稳市场、化风险、促转型；②促进新型消费。培育壮大智慧养老、数字家政等新业态
26	2023年2月	中共中央、国务院	《质量强国建设纲要》	①打造乡村旅游、康养旅游、红色旅游等精品项目；②加强养老服务质量标准与评价体系建设，扩大日间照料、失能照护、助餐助行等养老服务有效供给，积极发展互助性养老服务
27	2023年3月	中共中央办公厅、国务院办公厅	《关于进一步完善医疗卫生服务体系的意见》	①扩大康复和护理等接续性服务供给，支持医疗丰富地区部分公立医院转变为康养医院，支持社会力量举办，增加康养机构数量；②促进医养结合，合理布局养老机构与综合医院老年医学科、护理院、康复疗养机构，推进形成资源共享、机制衔接、功能优化的老年人健康服务网络

续表

序号	发文时间	发文机构	文件名称	主要内容
28	2023年3月	湖北省人民政府办公厅	《关于推进基本养老服务体系建设的实施方案》	①优化养老服务扶持政策。在符合国土空间规划的前提下，可将闲置的公益性用地调整为养老服务用地，鼓励社会力量参与提供基本养老服务，支持物业服务企业因地制宜提供居家社区养老服务。支持运营能力强、服务质量高的优秀民营企业利用各类房屋设施发展养老业务。优化养老服务机构床位建设和运营补贴政策，补贴重点向护理型床位倾斜，支持养老机构提供基本养老服务；②科学规划养老服务设施布局。将养老服务设施（含光荣院）建设纳入国土空间规划和相关规划；③支持普惠养老服务发展。鼓励支持社会力量与政府投资平台合作建立养老服务资产管理运营公司，集中购置、改造、运营管理养老设施，增加普惠型养老服务供给；④创新智慧养老服务模式。推进智慧养老平台建设，积极发展家庭养老床位，为老年人提供"点菜式"就近便捷养老服务
29	2023年3月	湖北省人民政府	《湖北省人民政府关于贯彻落实〈国家标准化发展纲要〉的实施意见》	开展养老和家政服务标准化专项行动，建立健全养老和家政服务标准体系。在文化旅游、体育健身、康养休闲、育幼、商贸等重点领域加快标准研制
30	2023年5月	中共中央办公厅、国务院办公厅	《关于推进基本养老服务体系建设的意见》	①在赡养人、扶养人切实履行赡养、扶养义务基础上，通过提供基本养老服务、发挥市场作用、引导社会互济共助等方式，帮助困难家庭分担供养、照料方面的负担；②推动社会保险、社会救助、社会福利、慈善事业、老年优待等制度资源优化整合，强化各相关领域体制改革配套衔接，支持基本养老服务体系发展；③面向独居、空巢、留守、失能、重残、计划生育特殊家庭等老年人提供探访关爱服务。支持基层老年协会、志愿服务组织等参与探访关爱服务；④优化养老服务机构床位建设补助、运营补助等政策，支持养老服务机构提供基本养老服务

参考文献

[1] 罗琼."绿水青山"转化为"金山银山"的实践探索、制约瓶颈与突破路径研究[J].理论学刊,2021(2):90-98.

[2] 张车伟,邓仲良.探索"两山理念"推动经济转型升级的产业路径——关于发展我国"生态+大健康"产业的思考[J].东岳论丛,2019(6):34-41+191.

[3] 房红,张旭辉.康养产业:概念界定与理论构建[J].四川轻化工大学学报(社会科学版),2020(4):1-20.

[4] 姜睿,苏舟.中国养老地产发展模式与策略研究[J].现代经济探讨,2012(10):38-42.

[5] 黄生辉,邹润涛.老龄化背景下武汉市养老地产发展探讨[J].中外建筑,2014(10):98-100.

[6] 吴宇哲,吴艳芳.养老地产空间宜居度研究——以武汉市为例[J].吉首大学学报(社会科学版),2018(1):73-78.

[7] 秦虹.推动房地产业向新发展模式平稳过渡[J].人民论坛,2023(13):53-58.

[8] 宋健."四二一"结构家庭的养老能力与养老风险——兼论家庭安全与和谐社会构建[J].中国人民大学学报,2013,27(5):94-102.

[9] 孙鹃娟.中国老年人的居住方式现状与变动特点——基于"六普"和"五普"数据的分析[J].人口研究,2013,37(6):35-42.

[10] 何莽.康养蓝皮书·中国康养产业发展报告(2021)[M].北京:社会科学文

献出版社，2021.

[11] 林宝.康养结合：养老服务体系建设新阶段[J].华中科技大学学报（社会科学版），2021，35（5）：9-18.

[12] 李俏，陶莉.农村康养产业发展的理论阐释、多元实践与政策协同[J].南京农业大学学报（社会科学版），2023，23（3）：129-140.

[13] 徐宏，商倩.中国养老服务资金缺口测算及PPP破解路径研究[J].宏观经济研究，2019（2）：161-175.

[14] 李素红，方洁，苑颂.基于博弈论组合赋权的城市养老地产开发适宜性评价[J].资源开发与市场，2018，34（1）：64-70.

[15] 刘丽娟.养老地产新兵入门[M].北京：中国建筑工业出版社，2015.

[16] 穆光宗，朱泓霏.中国式养老：城市社区居家养老研究[J].浙江工商大学学报，2019（3）：92-100.

[17] 张乃仁.我国养老服务产业发展的困境与对策[J].中州学刊，2015（10）：74-78.

[18] 丁文珺，熊斌.积极老龄化视域下康养产业的理论内涵、供需困境及发展路径分析[J].卫生经济研究，2020，37（10）：3-7.

[19] 国家发展和改革委员会.养老服务体系建设督查激励地市典型经验做法介绍（六）—武汉市[EB/OL].（2022-11-16）. https：//www.ndrc.gov.cn/fggz/fgzy/xmtjd/202211/t20221116_1341377.html.

[20] 杨辉，刘爱云，方瑜.养老地产选址影响因素分析与评价[J].营销界，2021（34）：98-99.

[21] 胡爱敏.高速老龄化背景下我国养老服务的着力点——以马斯洛需求层次理论为观照[J].中共福建省委党校学报，2012（12）：92-97.

[22] 周燕珉.国内外城市社区居家适老化改造典型案例集[M].北京：中国建筑工业出版社，2021.

[23] 周尚意，张华，戴俊骋，等.中国城镇化背景下的老年人宜居研究[M].北京：科学出版社，2017.

[24] 程亮.医养融合：养老机构发展新路径探究[J].中州学刊，2015（4）：78-82.

[25] 肖菲.智慧养老服务平台市场化运营瓶颈及策略研究——基于湖北省的调

查[J].湖北社会科学,2022(5):64-70.

[26] 杜春林,臧璐衡.从"碎片化运作"到"整体性治理":智慧养老服务供给的路径创新研究[J].学习与实践,2020(7):92-101.

[27] 刘梦珂.养老地产融资效率存在的问题及对策研究[J].建筑经济,2022,43(S2):405-407.

[28] 门明,刁鹏飞,李小永.城市养老地产PPP模式及其投资决策研究[J].兰州学刊,2019(8):195-208.